archithese 3.02
Mai/Juni 34. Jahrgang
Fr. 28.–

Titelbild:
MVRDV:
Szenografie des Tanztheaterstücks «Manyfacts»,
Scapino Ballet, Rotterdam 2001
Choreografie: Ed Wubbe

Bühnenbilder

3 Editorial

8 Arrangierte Zeitschichten
Die Inszenierungen von Herbert Wernicke
Hubertus Adam

14 Es gibt kein Aussen mehr
Das Theater von Christoph Marthaler und Anna Viebrock
Hubertus Adam

20 Zustandsbeschreibung
Raum, Theater und Bühnenbild
Hans Dieter Schaal

26 Experimentierfeld Bühne
Architektonische Konzepte für die Bühne
von Coop Himmelb(l)au
Margit Ulama

32 Der Raum wird hier zur Wand
Tristanakkordarbeit in Saarbrücken
Gerhard R. Koch

36 Räume aus Röhren
Entwurf für ein Bühnenbild von Shigeru Ban
Oscar Sedlatzek

38 Wassermusik
Toyo Itos Tanz-Performance «Choron»
Judit Solt

40 Von der Beschleunigung der Zeit
Gedanken zu Robert Wilsons «Woyzeck»-Inszenierung
Stephanie Dieckvoss

44 Tanz und Traum
Jean Nouvel und Frédéric Flamand im Gespräch
mit Judit Solt

50 Viele Fakten, noch mehr Bilder
«Manyfacts» von MVRDV für das Scapino Ballet
Hubertus Adam

Traductions

58 La danse et le rêve
Jean Nouvel et Frédéric Flamand en conversation
avec Judit Solt

62 Alberto Campo Bueza:
Caisse générale d'épargne de Grenade
Margit Ulama

Rubriken

Architektur aktuell

64 Herzog & de Meuron
Rehab Basel
Judit Solt

70 Alberto Campo Baeza
Caja General de Ahorros
de Granada
Margit Ulama

76 LOST Architekten
Wohnhaus am Blauen
Lilian Pfaff

Bücher

81 Planungen im
«eingedeutschten» Osten
Robert Kaltenbrunner

82 Reprint «Um 1800»
Eva Maria Froschauer

84 fsai

Symposien

88 A2B Basel
Judit Solt

92 Neues aus der Industrie

94 Baudoc-Bulletin

100 Vorschau/Impressum

Mit dem Feuer spielen? Wer bezüglich Brandschutz auf Nummer sicher gehen will, wird an FOAMGLAS® kaum vorbeikommen. Der Sicherheitsdämmstoff aus geschäumtem Glas ist absolut nichtbrennbar. Er setzt keine toxischen Gase frei und leistet keinen Beitrag zur Brandlast und zur Rauchentwicklung. Seine hervorragenden Eigenschaften machen ihn zum idealen Dämmstoff. Selbst wenn's um Schutz vor Feuchtigkeit geht. Dank seiner Langlebigkeit ist er auch wirtschaftlich sehr interessant. Für FOAMGLAS® halten wir die Hand ins Feuer.

FOAMGLAS®
Dämmen mit Gewinn.

www.foamglas.ch

Pittsburgh Corning (Schweiz) AG, Schöngrund 26, CH-6343 Rotkreuz, Telefon 041-790 19 19, Fax 041-790 36 26

Editorial

Bühnenbilder

Die ganze Welt, so heisst es bei Shakespeare, ist eine Bühne. Doch wie verhält es sich umgekehrt mit dem Geschehen auf der Bühne? In welcher Beziehung steht es zur Wirklichkeit? Die Theatergeschichte des vergangenen Jahrhunderts kennt verschiedene Positionen: den Versuch einer naturalistischen Widerspiegelung, wie ihn Konstantin Sergejewitsch Stanislawski propagierte; eine dialektische Haltung, für die Bertolt Brechts Konzept eines «epischen Theaters» zentrale Bedeutung besitzt; und schliesslich die surrealistisch inspirierte Demontage traditioneller Strukturen, die im absurden Theater ihre Fortsetzung fand.

Entsprechend vielfältig sind die szenografischen Mittel: auf der einen Seite die naturalistische Konzeption, die in Peter Steins russischen Landschaften für die Tschechow-Inszenierungen der Berliner Schaubühne noch einmal grandiose Wirkung entfaltete, auf der anderen Seite die Tendenz zur Abstraktion, die sich von Adolphe Appias Theorie der Raumbühne über die Nachkriegsinszenierungen Wieland Wagners in Bayreuth bis hin zu Robert Wilsons puristischen, inzwischen aber mehr und mehr ins Geschmäcklerisch-Dekorative abgleitenden Lichträumen zieht. Eine besonders radikale Position bezieht seit mehreren Jahrzehnten Peter Brook: Gemäss der Theorie des «leeren Raums» wird in seinem Pariser Theater der «Bouffes du Nord» auf ein Bühnenbild generell verzichtet. Brook opponiert damit nicht in erster Linie gegen das Ausstattungstheater, sondern will die Aufmerksamkeit auf die Körperbewegung im Raum richten.

Das heutige europäische Theater ist ohne den Aufbruch der beginnenden Siebzigerjahre nicht denkbar. Hatte es experimentelle Konzepte schon in den Zwanzigerjahren gegeben, so trat mit Regisseuren wie Rainer Werner Fassbinder, Peter Zadek, Peter Palitzsch oder Claus Peymann eine politisch motivierte Generation von Regisseuren auf, welche die Trennung von Bühne und Zuschauerraum in Frage stellten und für ihre Inszenierungen verstärkt auf alternative Spielorte setzten. In den Achtzigerjahren gewann das Bühnenbild neues Interesse: Karl-Ernst Herrmann, Achim Freyer, Axel Manthey, Erich Wonder und Hans Dieter Schaal fanden Bilder, welche Poesie und Zeichenhaftigkeit vereinten und viele Stücke um Bedeutungsdimensionen erweiterten.

In einem Zeitalter des Sampling sind bisherige Trennungen nicht mehr aufrechtzuerhalten: Die Stücke Christoph Marthalers kombinieren Elemente aus Musiktheater, Theater und Tanz zu dekonstruktiven Collagen. Und der unlängst verstorbene Regisseur Herbert Wernicke vermochte auf intelligente Weise mit seinen Operninszenierungen verschiedene Zeitebenen zu kombinieren: Die Entstehungszeit des Stoffs, des Stücks und des Aufführungsorts verband sich mit der Gegenwart.

Es ist im Sinne des Sampling nicht verwunderlich, dass in den letzten Jahren immer wieder auch prominente Architekten auf der Bühne tätig wurden – mit unterschiedlichem Erfolg. Dass MVRDV eines ihrer mit Grossprojektion veranschaulichten Szenarien tanzen lassen, stellt den bisherigen Endpunkt dieser Entwicklung dar.

Redaktion

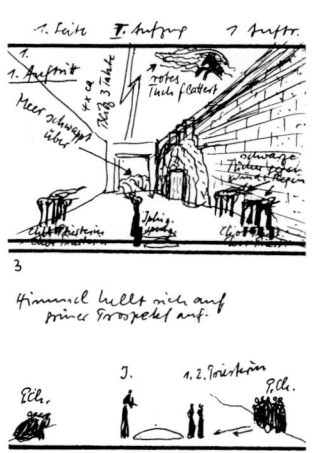

Achim Freyer: Bühnenbildskizzen zur Inszenierung von Christoph Willibald Glucks Oper «Iphigenie auf Tauris», Staatstheater Stuttgart, 1998

Neu von ZUG: Die Adora-Geschirrspüler mit den Vario-Körben

PUBLICIS

«Einen mit so viel Feeling hatte ich noch nie.»

In den genialen, vielfach verstellbaren **Vario-Körben** des neuen Geschirrspülers Adora von ZUG findet alles problemlos und bequem seinen Platz: grosse Teller, delikate Gläser, voluminöse Pfannen. Da stellt sich richtiggehendes **VarioFeeling** ein! Wollen Sie mehr wissen – zum Beispiel über das **AquaFeeling** für nie dagewesene Schonung, das **OekoFeeling** für Einsparungen bis zu 30% oder wie unerreicht leise Sie mit der Adora zu blitzsauberem Geschirr kommen?

Mehr Infos über die neuen Adora-Geschirrspüler:
Tel. 041 767 67 67, Fax 041 767 62 61, www.vzug.ch, vzug@vzug.ch
oder mit Coupon an: V-ZUG AG Postfach 6301 Zug.

Name/Vorname

Strasse/Nr.

PLZ/Ort

Telefon   ARC

AAA-Zertifikat nach EU-Norm.
A – Beste Energieeffizienz.
A – Beste Reinigungswirkung.
A – Beste Trocknungswirkung.

Führend in Küche und Waschraum

Leserdienst 122

Décors de théâtre

Chez Shakespeare, le monde entier se résume à une scène de théâtre. A contrario, qu'en est-il de ce qui s'y passe? Quel rapport y a-t-il avec la réalité? L'histoire théâtrale du XXème siècle intègre différents points de vue: la tentative d'un rendu naturaliste, telle que propagée par Konstantin Sergejewitsch Stanislawski; une attitude dialectique qui revêt une signification centrale dans le concept du «théâtre épique» d'un Bertolt Brecht et enfin, le démontage des structures traditionnelles, d'inspiration surréaliste, qui trouva son prolongement dans le théâtre de l'absurde. Les moyens scénographiques sont par conséquent multiples. Ils vont de la conception naturaliste qu'illustrent les paysages russes de Peter Stein pour la mise en scène de Tchekhov à la Schaubühne de Berlin, à la tendance à l'abstraction qui s'étend des théories d'Adolphe Appia aux espaces de lumière puristes de Robert Wilson (qui ont de plus en plus tendance à sombrer dans le décoratif douteux), en passant par les mises en scène d'après-guerre de Wieland Wagner à Bayreuth. Depuis des décennies, Peter Brook défend une position particulièrement radicale: en vertu de la théorie de «l'espace vide», il renonce à tout décor dans son théâtre parisien des Bouffes du Nord. Brook ne s'oppose pas fondamentalement à un théâtre d'accessoires, mais il désire attirer l'attention sur le déplacement du corps dans l'espace.

Le théâtre européen contemporain n'est pas pensable sans le renouveau du début des années 70. Des concepts révolutionnaires avaient déjà vu le jour dans les années 20. Avec Rainer Werner Fassbinder, Peter Zadeck, Peter Palitzsch ou Claus Peymann, une génération de metteurs en scène engagés politiquement voit le jour. Ceux-ci mettent en question la séparation entre la scène et les spectateurs et privilégient les lieux alternatifs pour leurs mises en scène. Durant les années 80, le décor connaît un regain d'intérêt. Karl-Ernst Herrmann, Achim Freyer, Axel Manthey, Erich Wonder et Hans Dieter Schaal savent inventer des décors qui unissent poésie et contenu et qui ont su ajouter des niveaux de compréhension supplémentaires à bien des pièces de théâtre. A l'époque du *sampling,* certaines séparations des genres ne se justifient plus. Les pièces de Christoph Marthaler combinent des éléments du théâtre musical, du théâtre et de la danse pour aboutir à un collage déconstructif. Le metteur en scène Herbert Wernicke, récemment disparu, savait combiner intelligemment différentes époques dans ses mises en scène pour l'opéra. La genèse du contenu, de la pièce et du lieu de production se rattachait au présent.

Dans l'esprit du *sampling,* il n'est pas étonnant que des architectes renommés aient été ces dernières années actifs sur scène – avec un succès variable. Que MVRDV laissent danser l'un de leurs scenarii sous forme de projections géantes constitue le point final provisoire de ce développement.

Rédaction

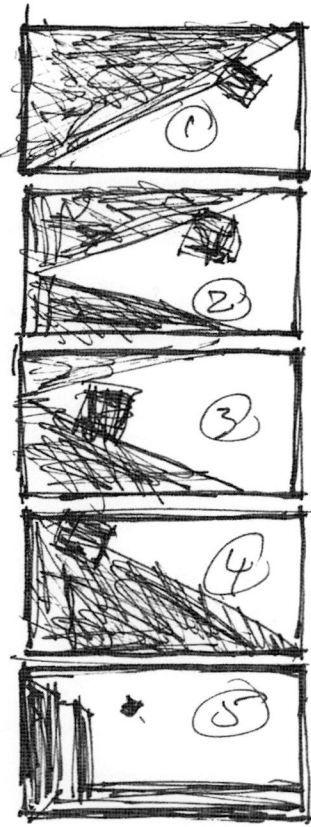

Robert Wilson: Bühnenbildskizzen zur Inszenierung von Christoph Willibald Glucks Oper «Alceste», Staatstheater Stuttgart, 1997

VRV TCA

Das flexibelste aller Klimasysteme!

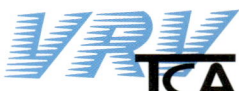

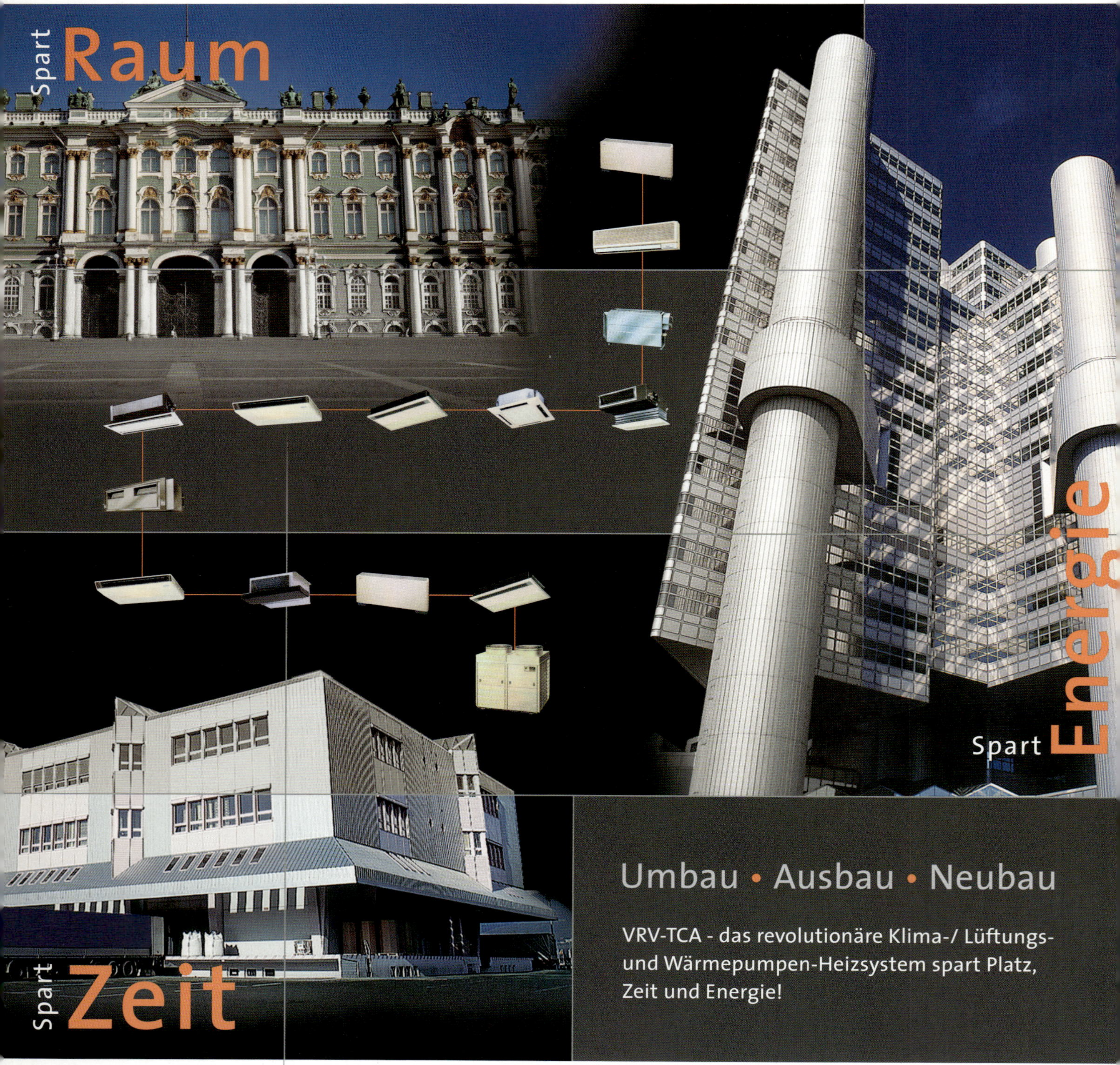
Spart Raum
Spart Energie
Spart Zeit
Umbau • Ausbau • Neubau
VRV-TCA - das revolutionäre Klima-/ Lüftungs- und Wärmepumpen-Heizsystem spart Platz, Zeit und Energie!

DAIKIN

Hauptsitz: 9015 St.Gallen, Piccardstr. 13
Info-Telefon: 071-313 99 22
Telefax 071-313 99 29
www.thermoclima.ch

Nordwestschweiz: 4528 Zuchwil, Gewerbestr. 10
Westschweiz: 1020 Renens, rue du lac 32

TCA THERMOCLIMA AG

Leserdienst 143

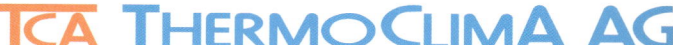

Alape

Vertretung für die Schweiz:
Hans Hafner AG
Büro und Ausstellung
Riedstrasse 12, CH-8953 Dietikon
Tel. 01 743 80 90,
Fax 01 743 80 99
Internet www.hafner.ch
e-mail info@hafner.ch

Mit Alape gestalten Sie Badträume. Unsere Waschplätze erkennen Sie an der klaren und reinen Formensprache. Edle Materialien, architektonisches Design und sinnvolle funktionelle Details finden sich bei Alape zu einem harmonisch geordneten Ganzen zusammen.

Alape · 38644 Goslar, Germany
Telefon: +49(0)5321/558-0
Telefax: +49(0)5321/ 558-400
www.alape.de · info@alape.de

Leserdienst 150

Am 16. April ist der Regisseur Herbert Wernicke unerwartet in Basel gestorben. 1946 in Auggen am Rand des Schwarzwalds geboren, zählte er seit seiner ersten eigenständigen Inszenierung 1978 zu den profiliertesten Neuerern des Musiktheaters. Regisseur und Ausstatter in einer Person, inszenierte Wernicke stets in einem Einheitsbühnenbild – Theater sollte als Theater kenntlich sein. In überaus suggestiven Bildern gelang es ihm, verschiedene Zeitebenen zu verschmelzen und selbst vertraute Werke in einem neuen inszenatorischen Licht erscheinen zu lassen.

Arrangierte Zeitschichten

Die Inszenierungen von Herbert Wernicke Hubertus Adam

Die Ankunft in Ägypten ist unsanft. Zu den Klängen der Ouvertüre legt ein goldener Nachen an der Spielfläche an, der scharlachrote Feldherrenmantel wird in die Bühnenmitte geschleudert, und Cesare geht von Bord. Doch das Terrain bleibt unsicher – ein Krokodil naht sich von rechts und scheucht den Imperator zurück auf sein Schiff. Erst als das schwarz gewandete, Stahlhelme tragende römische Expeditionskorps aus den Luken kriecht, wagt Cesare einen zweiten Versuch. Das Spiel kann beginnen.

Herbert Wernicke – wie immer Regisseur, Bühnenbildner und Kostümgestalter in einer Person – inszenierte Händels *Giulio Cesare in Egitto* am Theater Basel 1998 als ein ironisch gebrochenes Kammerspiel um Liebe und Macht. Keine jubelnden Volksmassen empfangen den Sieger von Pharsalos; der zu den Takten eines Menuetts gesungene Huldigungschor erklingt unsichtbar, als müssten sich die Eindringlinge Mut zusprechen, und das «Cesare venne e vide e vinse» («Caesar kam, sah und siegte») klingt eher wie eine Selbstbeschwörung.

Ägypten – das ist über die drei Akte hinweg eine schwarze, leicht geneigte und mit weissen Schriftzeichen überzogene Spielfläche. Es handelt sich um den ins Überdimensionale vergrösserten Stein von Rosette, dessen dreisprachigem Text die Ägyptologie die Entzifferung der Hieroglyphen verdankt. Damit riss Wernicke ein Thema an, das zur Basis seiner Interpretation wurde: die Konfrontation und Überlagerung kultureller Formationen. Zu dem Zusammenstoss von ägyptischer und römischer Kultur auf der Handlungsebene tritt die werkimmanente Gegenüberstellung von Sinfonia, Rezitativ und Arie und schliesslich das Ineinanderblenden von Antike, Barockzeit und moderner Lebenswirklichkeit in der Inszenierung. Durch einen vom Schnürboden abgehängten Spiegel in gleicher Form wie die Spielfläche, der zuweilen in Schieflage gerät, wird das Bühnengeschehen verdoppelt und optisch auf den Kopf gestellt, sodass man die Akteure nicht nur von oben, sondern auch von hinten sehen kann. Während des zweiten Aktes, bei dem die Protagonisten

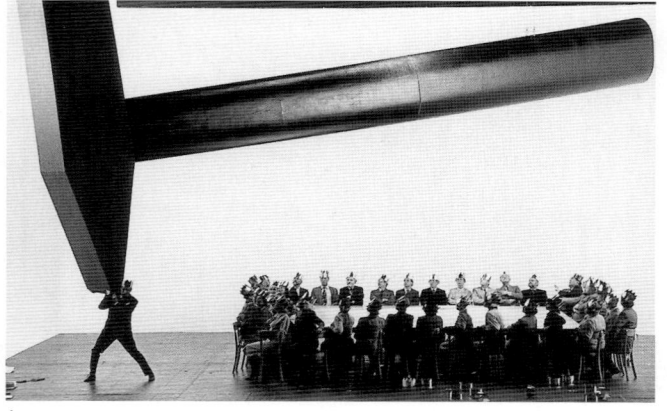

3

4

5

6

1+2 O Ewigkeit, du Donnerwort – Szenen zu vier Kirchenkantaten von Johann Sebastian Bach
Szenenfotos zu «O Ewigkeit, du Donnerwort» (BWV 20) und «Ein feste Burg ist unser Gott» (BWV 80) Staatstheater Kassel, 1986/87 (Fotos: Thomas Huther)

3 Georg Friedrich Händel: Giulio Cesare in Egitto
Theater Basel, 1998

4 Actus Tragicus
Theater Basel, 2000

5 Claudio Monteverdi: Orfeo
Bühnenbild im Innenhof der Salzburger Residenz
Salzburger Festspiele 1993

6 Christoph Willibald Gluck: Orfeo ed Euridice
Staatstheater Kassel, 1987/88

zwischen labyrinthischen Mauerwinkeln ihre Ränke schmieden, behält der Zuschauer aufgrund dieser Strategie den Überblick.

Im Reich der Zeichen
Wernicke verzichtete in seinem Inszenierungsstil auf eine psychologisch-naturalistische Personenregie und operierte stattdessen mit zeichenhaften Verweisen – ein der *opera seria*, in der Charaktere sich als Addition unterschiedlicher Affekte konstruieren, kongeniales Verfahren. Immer wieder waren es gerade die Werke der vorklassischen Epoche, denen er Aufsehen erregend zeitgemässe Deutungen abrang – ohne in eine plumpe und vordergründige Aktualisierung zu verfallen. Vor gut 20 Jahren analysierte er die Gestik des Heroischen anhand von Händels *Herakles* in Hannover, dann folgte in den Achtzigerjahren ein Zyklus über die barocke Vorstellung vom Goldenen Zeitalter am Opernhaus Kassel.

Der Einheitsschauplatz, die reduzierte Farbigkeit von Kostümen und Bühnenbild, die zeichenhafte Gestik: Als Regisseur, Bühnenbildner und Kostümgestalter in Personalunion entwickelte Wernicke einen eigenen (Musik-)Theaterstil, der mit ironischer Brechung und scharfer Kontrastierung arbeitete. Dabei gelang es ihm, vertrauten Werken ungewohnte interpretatorische Perspektiven abzugewinnen. Das schloss auch Eingriffe in die Werkstruktur oder die Partitur nicht aus – eine Freiheit, die sich musikhistorisch durchaus legitimieren lässt.

Bekanntlich integrierte Händel schon vorhandene Notentexte in seine Opern und scheute das Selbstzitat nicht; die Einheit des Werks ist ein Konstrukt, das aus der Genieästhetik des beginnenden 19. Jahrhunderts resultierte. Immer wieder verdeutlichte Wernicke in seinen Inszenierungen, dass die Oper auch Konzession an den Zeitgeschmack ist. So liess er das *lieto fine* im Kasseler Orfeo (1986) lediglich als Marionettenspiel aufführen – in der Tat ist die Wiederzusammenführung von Orfeo und Eurydice ein der Mythologie zuwiderlaufender, auch musikalisch wenig überzeugender Versuch einer finalen Harmonie.

Veränderungen der Instrumentierung nahm er insbesondere bei seinen Operetteninszenierungen vor: Den Hamburger *Zigeunerbaron* (1993) spielte ein Zigeunerensemble, die Partitur der *Fledermaus* wurde für die Basler Inszenierung von 1992 nach der Art umgeschrieben, wie Arnold Schönberg Strauss-Walzer für ein Salonorchester bearbeitet hatte. Wernicke suchte die Operette von der Walzerseligkeit des Fin de Siècle zu befreien – und inszenierte die *Fledermaus* auf einer scharlachroten Showtreppe als Absturz einer dekadenten und hemmungslosen Gesellschaft.

Szenische Oratorien
Ein besonderes Interesse des Regisseurs galt der szenischen Inszenierung von Chorwerken. Händel, der in seiner ersten Schaffensperiode Opern komponiert hatte, wandte sich in den Dreissigerjahren des 18. Jahrhunderts zunehmend dem Oratorium zu, das auf die Äusserlichkeiten der italienisch geprägten Oper verzichtete und gleichsam deren sublimierte und existenziellere Form darstellte. Wernicke setzte hingegen nicht nur die Oratorien von Händel in Szene, sondern auch die Kirchenkantaten von Johann Sebastian Bach. Unter dem Titel «O Ewigkeit, du Donnerwort» brachte er 1987 in Kassel vier Kantaten auf die Bühne. Inspiriert durch Claes Oldenburgs anlässlich der *documenta* 1981 in der Karlsaue aufgestellte *Kassel Pick-Axe* liess der Regisseur einen gewaltigen Hammer bedrohlich auf die Chorsänger niedersinken – Symbol der gnadenlosen Vernichtung, der finalen Auflösung der Zeit, wie es im Eingangs- und Schlusschor der titelgebenden Kantate heisst: «O Ewigkeit, du Donnerwort,/O Schwert, das durch die Seele bohrt,/O Anfang sonder Ende! O Ewigkeit, Zeit ohne Zeit,/Ich weiss vor grosser Traurigkeit/Nicht wo ich mich hinwende.» Bei der Reformationskantate «Ein feste Burg ist unser Gott» verschanzten sich die Sänger unter dem Hammer. Der martialische Tenor wurde durch die als «gute Wehr und Waffen» interpretierten Orgelpfeifen unterstrichen, die wie Speere aus dem Menschenknäuel herausragten.

Einen neuerlichen Versuch mit der szenischen Aufführung der Kantaten Bachs unternahm Wernicke 13 Jahre später in Basel mit *Actus Tragicus*. Ein aufgeschnittenes mehrgeschossiges Haus füllte die gesamte Bühnenöffnung aus; die Chorsänger und Solisten – in Alltagskleidung – waren über etwa 20 Zimmer verteilt und gingen verschiedenen Beschäftigungen nach: Hier wurde Fernsehen geschaut, dort zu Abend gegessen; eine Frau stand am Bügeleisen, ein Mann versuchte sich aufzuhängen; Freude und Leid, Alltag und Fest, Liebe, Krankheit und Tod – alles in einem Haus. Während der Aufführung liess der Regisseur die einzelnen Handlungsabläufe permanent wiederholen – die Entscheidungsfreiheit des Subjekts entlarvte sich als Fiktion, die Bewohner des «Hauses» wirkten wie durch eine Repetitionsmechanik angetriebene Figuren eines Puppenhauses. Lediglich die Figur des mit einer Maske versehenen Todes gelangte nacheinander in alle Räume, sodass sich das szenische Geschehen wie ein einziger Totentanz verstehen liess: «Hin geht die Zeit, her kommt der Tod» heisst es in der an dritter Stelle zur Aufführung gebrachten Kantate «Wer weiss, wie nahe mir mein Ende». Mit der im Untergeschoss unter dem mittigen Treppenhaus liegenden Christusfigur ergänzte Wernicke sein suggestives Bühnenbild nicht nur um die sprichwörtliche «Leiche im Keller», sondern fügte seiner Interpretation eine weitere Bedeutungsebene hinzu: Verstand man den toten Christus als eine Predelladarstellung, so erinnerte das aufgeschnittene Haus an den Aufbau eines norddeutschen Schnitzaltars. An die Stelle der heilsgeschichtlichen Szenen waren hier die alltäglichen Verrichtungen getreten, aus denen es kein Entrinnen mehr gab.

Metaphern der Macht
Spielfreude und Witz, welche die Inszenierungen Wernickes auszeichneten, konnten nicht darüber hinweg täuschen, dass es ihm zu allererst um existenzielle Dimensionen ging: die Gefährdung des Humanen durch Strukturen der Macht und

die Banalität des Gewöhnlichen. So interpretierte er das Zauberreich von Händels *Alcina* (Basel 1996) als ein visionäres Traumland, in dem einzig wahre Gefühle gedeihen können, weil hier die Gesetze der wahren Welt ausser Kraft gesetzt sind. Zeichen hierfür war eine magisch leuchtende, goldene Kugel, die geheimnisvoll über die Bühne rollte und sich von Szene zu Szene vergrösserte, bis sie am Ende aus Ignoranz zerschlagen wurde. Während Alcina in Schmerz zurückblieb, räumten die übrigen Figuren gedankenlos die Bühne.

Suggestive Bilder fand Wernicke für die Darstellung von Machtverhältnissen und personeller Entfremdung. 1989 inszenierte er in Hannover das 300 Jahre zuvor von dem Hofkomponisten für die Eröffnung des Opernhauses komponierte Stück *Enrico Leone*, dessen krude Handlung aus Zwecken der welfischen Herrschaftslegitimation die Geschichte Heinrichs des Löwen mythologisch überhöht. Beim Liebesduett zwischen Enrico und seiner Frau Metilda liess der Regisseur in ironischer Brechung des barocken Maschinentheaters einen gigantischen Adlerkopf auf der Bühne erscheinen. Während Enrico schwertfuchtelnd auf dem beinahe bühnenfüllenden Requisit stand, umarmte Metilda – auf dem Boden stehend – die Halsfedern.

Eines der eindrucksvollsten Bilder fand Wernicke 1989 für *Aus einem Totenhaus* von Leoš Janáček. Anstatt das Straflager, in dem die Handlung spielt, naturalistisch nachzubilden, entwarf er einen weissen Bühnenkubus, an dessen Wänden 100 im Gleichtakt gehende Normaluhren aufgehängt waren.

Auch bei *Giulio Cesare in Egitto* ging es um die Frage der Macht. Cesare und sein Feldherr Curio auf der einen Seite, Tolomeo und sein Vormund Achilla auf der anderen, dazwischen das dritte Paar der Oper: Cornelia und ihr Sohn Sesto. Allerdings sind weder der jugendliche Pharao, dem der Countertenor Kai Wessel als schlaksiger Möchtegern-Décadent die nötige Exaltiertheit verlieh, noch sein mit Sonnenbrille und Tropenuniform ausgestatteter, machohaft-derber Vertrauter, von Lynton Black brillant gespielt, ernst zu nehmende Gegner, gegenüber denen sich die Römer als Helden erweisen könnten. Der Mord des ohnehin vom Kriegsglück verlassenen Tolomeo durch den unentwegt mit seinem Schwert zuckenden und fuchtelnden Sesto wurde solchermassen zu einer Tat, die moralisch nicht höher steht als die heimtückische Enthauptung Pompeos durch Tolomeo. Der abgeschlagene Kopf des Pharaos – eine bizarre Bildfindung Wernickes – singt noch eine letzte Arie, die das Produktionsteam der Oper ironischerweise Händels *Tolomeo* entnommen hat.

Elemente der Groteske und des Slapsticks prägten die ebenso intellektuell anregende wie einfallsreiche und ironische Basler Inszenierung von Händels *Giulio Cesare* – Wernicke jonglierte mit einem Bildfundus zum Thema Caesar und Cleopatra, gleichsam dem kulturellen Gedächtnis, das durch Hollywoodfilme oder *Asterix und Cleopatra* eher geprägt ist als durch die Lektüre von Plutarch und Lukian. In der Art einer filmischen *Last-minute-rescue* kann sich der tote Achilla als Schauspieler retten, bevor er in den Orchestergraben gestossen wird. Und die Sphärenklänge des süsslichen Parnassbildes, das Cleopatra inszeniert, um den unter den Zuschauern in der ersten Reihe sitzenden Cesare zu verführen, wurden von rosa angestrahlten Musikerinnen mit Allongeperücke intoniert, als hätte «Rondo Veneziano» ein Engagement vom Theater Basel erhalten.

Theater bleibt Theater, Spiel als Spiel erkennbar und durchschaubar. Halb Nummerngirl, halb der brechtschen Bühne entsprungen, hält Nireno, Diener der Cleopatra, während der Aufführung immer wieder Texttafeln empor, die in knapper und ironischer Weise über die Handlung informierten – so beispielsweise mit der Aussage «Cleopatra erwartet den Tod (nicht lang)».

Der Figur der Cleopatra war das von einem Tänzer zum Leben gebrachte Krokodil wie ein Attribut beigeordnet – es ist die tierische Kreatur, welche die menschlichsten Züge annimmt. Als es während des abschliessenden Duetts von Cesare und Cleopatra zu einer kurzen Vereinigung des Liebespaares kommt, richtet das Krokodil sich voller Genugtuung auf und legt die Vorderbeine überkreuz. Dann folgt es dem Römer, der seinen Expeditionsauftrag erfüllt hat, auf seine goldene Fregatte – Cleopatra verlässt die Bühne zur anderen Seite.

Das *lieto fine* des Schlusschors bleibt einer Gruppe kamerabehängter Touristen vorbehalten, welche die Spielfläche in Freizeitkleidung betreten und bemüht die Hieroglyphen zu entziffern suchen.

Strategien der Verfremdung
Der Gedanke einer Verfremdung auf mehreren Ebenen charakterisierte Wernickes Aufführungspraxis. So liess er die historischen Dekorationen von Alfred Roller bei seiner Salzburger *Rosenkavalier*-Inszenierung durch Spiegelflächen zu Vexierbildern werden, vor denen sich die Handlung abspielt, über die es einmal heisst: «Ist ein Traum, kann nicht wirklich sein». Offenbachs *Hoffmanns Erzählungen* (Frankfurt 1991) setzte er in der Studierstube des Dichters Hoffmann in Szene: Zu Beginn beengend klein, vergrösserte sich der Raum von Akt zu Akt, um am Ende ins Monströse zu wachsen: selbst die Türklinke unerreichbar. Die Fantasie des romantischen Subjekts sprengt die Grenzen, doch bleibt die Situation ausweglos. Und die Freilichtaufführung von Monteverdis *Orfeo* im Innenhof der Salzburger Residenz (1993) spielte vor einer Kulisse, welche die reale Architektur des Arkadenhofs durch einen Riss aus den Fugen gehen liess.

Wernickes grösstes Regieprojekt war Wagners Tetralogie *Der Ring des Nibelungen* am Théâtre de la Monnaie in Brüssel 1991. Wieder bediente er sich eines Einheitsraums, der in diesem Fall den Charakter eines abgewrackten Filmstudios annahm. Eine grosse Öffnung in der Rückwand gab den Blick frei auf eine Berglandschaft, ein Bild, das unmittelbar an den Ausblick durch das Panoramafenster von Hitlers Berghof auf dem Obersalzberg erinnerte. Vor dieser Kulisse inszenierte Wernicke Wagners *Opus Maximum* gewissermassen als filmisches Kammerspiel; wie Texttafeln im Stummfilm wurden die Regieanweisungen auf einem schwarzen Vorhang eingeblendet. Mit einer äussersten Ökonomie der Mittel gelang es Wernicke im buchstäblichen Sinne, den roten Faden durch das wohl komplexeste Werk der Musiktheatergeschichte zu finden – die Requisiten reduzierten sich auf einige Möbelstücke, ein rotes Seil, ein Fell, eine Leiter, einen Speer und ein Schwert, welche analog zu den musikalischen Leitmotiven in allen vier Opern Verwendung fanden. Auch der Konzertflügel tauchte wieder auf der Bühne auf, eines der Lieblingsrequisiten des Regisseurs. Als bildhaftes Zeichen repräsentiert er das Musikalische schlechthin, verweist auf den Ursprung der Partitur.

Durch den rigorosen Reduktionismus der Brüsseler *Ring*-Inszenierung lenkte der Regisseur die Aufmerksamkeit auf die Aktion der Figuren, auf das Beziehungsgeflecht der Akteure, wobei er – wie das Programmbuch lehrt – aus einem kulturgeschichtlichen Bildfundus von gestischen Formeln schöpfen konnte. Szenen aus Stummfilmen sind auch hier ebenso zu finden wie Comics oder Statuen.

Im Frühjahr unternahm Wernicke einen neuen Anlauf für eine *Ring*-Inszenierung, diesmal an der Bayerischen Staatsoper in München. Wie die *Rheingold*-Aufführung lehrt, basiert der neue Münchner *Ring* in mancherlei Hinsicht auf dem Brüsseler Konzept. Grundsätzlich anders ist allerdings das Bühnenbild, welches sich als ein verkleinerter Nachbau des Zuschauerraums im Bayreuther Festspielhaus erweist. Wie zwei ungleiche Spiegelbilder fassen zwei Zuschauerräume die Aktionsfläche der Bühne ein: der reale der Staatsoper München (an dem *Rheingold* im Übrigen seine Uraufführung erlebte) und der imitierte des Bayreuther Festspielhauses. Diese Pole erlauben eine komplexe Verschränkung der verschiedenen Zeitebenen, so etwa wenn Alberich in der Nibelheim-Szene dem fiktiven Publikum in den «Bayreuther» Sitzreihen Ketten und Ringe abnimmt und dem Hort hinzufügt. Zu einer grandiosen Collage wurde die Schlussszene der Oper, der berühmte «Einzug der Götter in Walhall»: Während der Zuschauerraum auf der Bühne in Regenbogenfarben erleuchtet ist, klimmen die Götter über die Sitzreihen empor zu dem kleinen antikisierenden Tempelchen, das – wie schon in der Brüsseler Inszenierung – Leo von Klenzes Walhalla bei Donaustauf nachgebildet ist. Ergänzt wird das Götterpersonal durch Bühnenarbeiter, welche Büsten herbeischleppen (und den Flügel), sowie ein Filmteam. Überblendet wird die Szenerie von Projektionen der Premierengäste, welche die Stufen der Staatsoper München hinaufsteigen, um eben dieser *Rheingold*-Inszenierung beizuwohnen. Der verheissungsvolle Auftakt einer neuen Inszenierung von Wagners Tetralogie ist durch Herbert Wernickes unerwarteten Tod zum Fragment geworden.

7

8

9

10

11

12

7 Agostino Steffani: Enrico Leone
Staatsoper Hannover, 1989

8 Johann Strauss: Die Fledermaus
Theater Basel, 1996

9+10 Georg Friedrich Händel: Alcina
Theater Basel, 1997
Das Zauberreich von Alcina wird durch den mit magischen Zeichen bedruckten Vorhang und überdimensionale goldene Körperteile dargestellt. Zwischenzeitlich drehen mit barocken Kostümen ausgestattete Bühnenarbeiter die Vorhangkonstruktion, so dass ein Blick «hinter die Kulissen» möglich ist.

11 Richard Wagner: Der Ring des Nibelungen
Götterdämmerung – letztes Bild
Théâtre de la Monnaie Bruxelles, 1991

12 Richard Wagner: Der Ring des Nibelungen
Das Rheingold, erstes Bild
Staatsoper München, 2002

Seit 1991 arbeitet der Schweizer Regisseur Christoph Marthaler mit der Bühnenbildnerin Anna Viebrock zusammen. Zumeist sind es hohe Hallen, in denen die Schauspieler traumverloren agieren; Hallen, die fremd und vertraut zugleich wirken. Viebrock collagiert Elemente der Realität, sodass sie surreal wirken, in den Massstäben vielfach verzerrt. Treppen führen ins Leere, Fahrstühle sind ausser Funktion: Aus diesem Kosmos kann niemand fliehen.

Es gibt kein Aussen mehr

Zum Theater von Christoph Marthaler und Anna Viebrock   Hubertus Adam

Nicht leben, nicht sterben

Zwischendurch begibt sich die traumverlorene Gesellschaft auf ein Podest und fährt von der Bühnenmitte aus in den Hintergrund, wo sich ein holzvertäfeltes Kompartiment öffnet – an den Seiten eng begrenzt, oben, in grösster Höhe, von einer Kassettendecke abgeschlossen. In diesem Ambiente, das den Geist der Zeit um 1900 atmet und etwas verblichen wirkt, lässt man sich nieder und stimmt ritualhaft ein Lied an: «Horch, was kommt von draussen rein?» Das im 19. Jahrhundert aufgezeichnete schwäbische Volkslied, dessen vorwärts drängender Rhythmus in Widerspruch steht zu einer vom Übermut zur Traurigkeit sich entwickelnden Grundhaltung und daher die sukzessive Verlangsamung erzwingt, erzählt von unerwiderter oder nicht mehr erwiderter Liebe und wird zur repetierten Selbstvergewisserungshymne der um einen grossen Tisch versammelten Gesellschaft: So wie der Liedsänger (oder die Liedsängerin) an der Aussenwelt zweifelt («Geht vorbei und schaut nicht rein, kanns wohl nicht gewesen sein»), zunächst in Trotz verharrt («Kann ja lieben wen ich will») und sich schliesslich todessüchtig zurückzieht («Setzt mir keinen Leichenstein,/sondern pflanzt Vergissnichtmein»), hat die somnambule Tafelrunde offenkundig die Beziehung zur Wirklichkeit verloren. Auf der Hauptbühne mit seltsamen Turnübungen und absurden Gesprächen – eher wechselseitigen Monologen – befasst, sind die Protagonisten von einem hybriden Raum umgeben: gerundete, plastikgerahmte Fenster und «overhead bins» auf der linken Seite sehen aus wie im Flugzeug, während die Klappsitze rechts an D-Zug-Wagen älterer Bauart erinnern.

Anna Viebrock hat für Christoph Marthalers Inszenierung *Die Spezialisten* (Deutsches Schauspielhaus Hamburg, 1999) eine surreale Bühne geschaffen, die unterschiedlich dynamisch konnotierte Elemente verbindet. Jedes Requisit ist der Wirklichkeit entlehnt, und doch harmonisieren sie in ihrem Zusammenspiel nicht mit der bekannten Welt. Es handelt sich um eine im wahrsten Sinne des Wortes «ungleichzeitige» Szenerie, die erst Sinn ergibt, wenn man sie als eine Welt jenseits der Wirklichkeit, eine Welt im Jenseits versteht: In der Tat scheinen die Spezialisten («Niemand braucht sie, aber sie können, was sie können, besonders gut», so das Programmheft) Verstorbene zu sein, die noch einmal von dem erzählen, was einst ihr Leben ausgemacht hat. Mit unbekanntem Ziel fahren sie nun in ihrem Zug-Flugzeug über den Acheron, aber es ist ungewiss, ob sie das andere Ufer jemals erreichen. Sie können nicht leben, sie können nicht sterben.

Ich-Dissoziation und Facettierung

Unterwegs zwischen Zeit und Ewigkeit bewegt sich das Personal der Marthaler-Inszenierungen in seltsamer Transitorik. Im geringfügig modifizierten Bühnenbild von *Hotel Angst*, mit dem im Herbst 2000 die Zürcher Schiffbauhalle als neue Spielstätte des Schauspielhauses eröffnet wurde, inszenierte Marthaler Anfang 2002 *Die schöne Müllerin*. Wilhelm Müllers

3

4

1+2 **Die Spezialisten. Ein Überlebenstanztee**
Deutsches Schauspielhaus Hamburg, 1999
(Fotos 1–4 aus: Anna Viebrock, Bühnenräume, Berlin 2000)

3 **Leoš Janáček: Katja Kábanova**
Salzburger Festspiele. 1998

4 **Claude Debussy: Pelléas et Mélisande**
Oper Frankfurt, 1994

5

6

5 **Anton Tschechow: Drei Schwestern**
Volksbühne Berlin, 1997
(Fotos 5 + 6 aus: Klaus Dermutz, Christoph Marthaler, Salzburg 2000)

6 **Ludwig van Beethoven: Fidelio**
Oper Frankfurt, 1997

Liederzyklus über den wandernden Müllerburschen, dessen Liebe zu der Müllerin nicht auf Erwiderung stösst und der sich am Ende in den Bach stürzt, ist fast nur noch durch Franz Schuberts geniale Vertonung bekannt, welche ein Psychogramm des singenden Subjekts zeichnet: vom fröhlichen Aufbruch über Enttäuschung, Desillusionierung, Selbstzweifel, Irrsinn bis hin zum todestrunkenen Ende. Schuberts suggestive Interpretation hat dabei vergessen lassen, dass der Dichter Müller die sentimentale Haltung des Zyklus in einem Prolog und einem Epilog relativiert und ironisiert hat: «Doch pfuschte mir der Bach ins Handwerk schon/Mit seiner Leichenred im nassen Ton./Aus solchem hohlen Wasserorgelschall/Zieht jeder selbst sich besser die Moral» heisst es abschliessend. Marthaler gelingt in seiner Inszenierung das Kunststück, die nachtschwarze Seite ebenso zum Klingen zu bringen wie das Element der Distanzierung. Dies gelingt durch die Vervielfachung der Personen, also die Auflösung und Facettierung des Subjekts. Insgesamt besteht das Müllerinnen-Ensemble aus zwölf Akteuren: einem Sänger und einer Sängerin, zwei Pianisten, zwei «Müllerinnen», drei Schauspielern und drei Tänzern. Gespielt wird auf vier Instrumenten: einem grossen Konzertflügel, der im Vordergrund der grossen Halle steht, einem im Mittelgrund der Bühne befindlichen kleinen Flügel, einem verstimmten Klavier, welches das rissige biedermeierliche Bürgeridyll in einem Zimmer im Hintergrund repräsentiert, und schliesslich auf einer Celesta, die mit nur einem einzigen, permanent repetierten Ton als fahle Totenglocke im Lied «Die liebe Farbe» zum Einsatz kommt.

Marthaler löst sich von der Abfolge des Zyklus, ergänzt das Text- und Notenmaterial durch Hinzufügungen und lässt den Abend mit dem letzten Lied «Des Baches Wiegenlied» enden und auch beginnen. Er folgt nicht dem Weg des Müllerburschen linear, sondern führt gleichsam Szenen eines vergangenen Lebens auf. Die Sänger, Tänzer, Musiker und Schauspieler sind Tote, die wie Sisyphos zur ewigen Wiederholung ihres Schicksals verdammt sind: im Bühnenraum Anna Viebrocks, der bessere Zeiten gesehen hat, kein Aussen kennt und in dem der Bach nur in Form eines kitschig leuchtenden Bildes präsent ist, verknäulen sie sich, suchen Nähe, ohne sie jemals zu finden, stürzen und stolpern. Marthalers Strategien sind Verlangsamung und Repetition – bis an die Schmerzgrenze. Das eigentliche Eingangslied («Das Wandern ist des Müllers Lust») wird nur einstrophig vorgetragen, dafür aber siebenmal wiederholt, und wenn das Ensemble gegen Ende singt «Ich möchte ziehen in die Welt hinaus», so bleibt nach polyphoner Zerlegung schliesslich ein einziger Schmerzensschrei: «Welt».

Kein Ausweg, kein Entrinnen
Christoph Marthaler, der als Musiker begann und seine ersten Auftritte in der Off-Theaterszene von Zürich hatte, inszenierte zunächst in bestehenden Räumen, beispielsweise im Bahnhofsbuffet oder in den Fussgängertunnels des Badischen Bahnhofs in Basel. Seine erste Arbeit auf einer Bühne war Eugène Labiches *Affäre Rue de Lourcine* am Theater Basel 1991, und schon hier stammte das Bühnenbild von Anna Viebrock, ohne die Marthalers Stücke gar nicht denkbar scheinen. Meist sind es grosse Hallen aus einer vertrauten, aber vergangenen Zeit; mal erinnern sie an die Fünfziger-, dann wieder an die Zwanzigerjahre. Gebrauchsspuren zeugen von früherer Nutzung, aber der einstige Sinn scheint verloren gegangen. So bewegen sich die Akteure des marthalerschen Theaters, selbst aus der Zeit gefallen, darin gleichsam parasitär: Sie versuchen, die Räume sich anzueignen, und bleiben letztlich doch unbehaust. Das liegt nicht zuletzt an den verzerrten Dimensionen, welche die Bühnenräume ins Surreale verfremden, an dem vielfach abgewetzten, altersschwachen und fragilen Mobiliar, das seine Erneuerung verpasst zu haben scheint, und an den technischen Geräten, die als Relikte einer vergangenen Ära zwar vorhanden sind, aber aus ihrem einstigen Funktionszusammenhang gelöst wurden. Aussparungen im gefliesten Boden gaben bei der Inszenierung von Claude Debussys *Pelléas et Mélisande* (Oper Frankfurt, 1994) Blicke auf ein unterirdisches Räderwerk frei, bei *Murx den Europäer* (Volksbühne Berlin, 1993) waren es zwei grosse Öfen und eine Reihe von Radiatoren, welche die Wände flankierten, ohne eigentlich Wärme zu verströmen. Boiler erhitzen bei Anna Viebrock kein Wasser, sondern dienen allenfalls als Resonanzkörper für Musik, und die omnipräsenten Ventilatoren scheppern, ohne wirklich Luft in den Bühnenraum einzublasen.

Die hilflos rotierenden Ventilatoren deuten einmal mehr darauf hin, dass es im Viebrock-Kosmos kein Aussen gibt – und damit auch keinen Ausweg. Ihre Bühenbilder sind reine Innenräume, Interieur selbst da, wo etwas wie Aussenwelt erscheint. Unzweifelhaft handelte es sich bei dem Raumwinkel, welcher das Bühnenbild für Leos Janaceks *Katja Kabanova* bildete (Salzburg 1998) um die abblätternde Hoffassade eines mehrgeschossigen Mietshauses, doch die schäbige tapezierte Erdgeschosszone war wiederum deutlich als Innenraum lesbar.

Demgemäss haben auch Treppen, Leitern oder Fahrstühle ihren Sinn verloren. Fahrstühle sind entweder stillgelegt oder räumlich so installiert, dass sie nicht funktionieren können, die in die Wand eingelassene Leiter bei *Pelléas und Mélisande* führte steil in die Höhe, versprach aber kaum ein Entrinnen. Im Hintergrund des *Fidelio*-Bühnenbildes (Oper Frankfurt, 1997) inszenierte Viebrock eine piranesiartige Kaskade aus Holztreppen, welche den utopischen Gehalt der Oper nachgerade Lügen zu strafen scheint. Und Tschechows *Drei Schwestern* (Volksbühne Berlin, 1997) bewegen sich in einem Haus, das von Treppenläufen beherrscht wird, die nicht einmal miteinander in Verbindung stehen.

Als Labyrinth stellt sich das Bühnenbild für Thomas Hürlimanns Stück *Synchron* dar (Pfauen Zürich, 2002). Die Fensterscheiben des wabenförmigen Tonstudios bieten den Einblick in weitere wabenförmige Tonstudios, die ebenfalls durch Fensterscheiben mit dahinter liegenden wabenförmigen Tonstudios verbunden sind. Et sic in infinito.

Prinzip Collage

Voran gehen dem Entwurf der Bühnenräume umfangreiche Fotostudien. Bei den *Drei Schwestern* war es ein verlassenes Gutshaus in Polen, bei *Katja Kábanova* das Schiffshebewerk Niederfinow bei Eberswalde, bei *Hochzeit* von Elias Canetti (Deutsches Schauspielhaus Hamburg, 1995) ein Kronleuchter im Hotel Waldhaus in Sils-Maria. Einzelne Elemente werden nachgebaut und relativ direkt in das Bühnenbild übertragen, doch nicht eigentlich integriert. Viebrocks Entwürfe sind Raumcollagen, deren Naturalismus trügt, weil es den Arrangements an Konsistenz fehlt. Es ist gerade dieses Vorgehen, welches den Inszenierungen Marthalers entspricht, die ja ihrerseits häufig auf dem Prinzip der Collage aufbauen. Als grundlegendes Inszenierungsmuster des Regisseurs kann der Liederabend gelten, dessen Struktur sich nicht aus der Bühnenhandlung entwickelt und der somit den Gegenpol zu einer naturalistischen Konzeption des Theaters darstellt.

Komödie, Tragödie

Viebrocks Bühnenbilder sind nicht in der Gegenwart situiert, sondern lassen sich als Erinnerungsräume verstehen, die fremd und vertraut zugleich wirken. Hipper Chic und cooles Design fehlen, der Zwang zur Gegenwärtigkeit, zum Modischen scheint ausgesetzt. Ebenso inszeniert Marthaler seine Charaktere nicht als strahlende Helden, sondern als gebrochene Existenzen. Sie taumeln durch die Zeit, können in ihr verloren gehen. Der Blick des Regisseurs auf seine Figuren mag nicht notwendigerweise von Sympathie geprägt sein: aber er ist nicht denunzierend oder zynisch. Dabei gelingt ihm eine seltene Balance zwischen abgrundtiefer Tragik und vordergründiger Komik. Marthaler verzichtet nicht auf *running gags*, wenn etwa das Guisan-Bild in *Hotel Angst* (Schiffbau Zürich, 2000) stets aufs Neue von der Wand fällt oder in Hürlimanns *Synchron* (Pfauen Zürich, 2002) Türen geschlagen werden, wie man es aus schlechtesten Boulevardkomödien kennt. All das könnte peinlich sein. Hier aber geschieht etwas Wunderbares: Die Tragödie wird zur Komödie, die Komödie zur Tragödie. Marthaler infiziert das Schwere mit Leichtigkeit und immunisiert das Leichte durch Tiefe.

Kaum ein Schauspiel bietet sich dafür in vergleichbarer Weise an wie Shakespeares *Was ihr wollt*. Das Stück gilt als Komödie, und doch ist es alles andere als komisch; mehr Melancholie kann eine Komödie schwerlich aufweisen. Im Zürcher Pfauen blickt man auf eine trunkene Gesellschaft, die Orsinos Eingangsforderung ernst nimmt: «If music be the food of love, play on». Illyrien, der Schauplatz des Stücks, ist ein Schiff, doch das Bühnenbild, das Anna Viebrock für diese Inszenierung geschaffen hat, lässt sich gleichermassen als Spiegelung des Pfauen-Zuschauerraums lesen: Die Reling des Oberdecks findet ihre Fortsetzung im Rang des Auditoriums. Der Schiffbruch ereignet sich schon zu Beginn, und immer wieder ertönt der Heilsarmee-Choral: «Throw out the life-line, someone is drifting away». Doch das eigentliche Stranden geschieht im Inneren: Alle spielen, alle wissen, dass gespielt wird, aber niemandes Sehnsucht wird gestillt. Der versöhnliche Schluss, aus dem Off gesprochen, wird von den Schauspielern mit Lippenbewegungen begleitet, als gälte es, einen Text zu synchronisieren.

7

8

9

10

7 **Hotel Angst**
Schiffbauhalle Zürich, 2000
(Fotos 7–10: Léonard Zubler)

8 **Franz Schubert: Die schöne Müllerin**
Schiffbauhalle Zürich, 2002

9 **William Shakespeare: Was ihr wollt**
Pfauen Zürich, 2001

10 **Thomas Hürlimann: Synchron**
Pfauen Zürich, 2002

Der Architekt, Ausstellungsmacher und Bühnenbildner Hans Dieter Schaal versteht die Bühnenarchitektur als inszenierten Scheinraum, den Bühnenbildraum als Ausdrucksraum für Stimmungslagen und Atmosphären. Drei aktuelle Inszenierungen in Frankfurt, Chemnitz und Rostock bilden materialisierte Umsetzungen und Diskussionsgrundlage dieser Auffassung. Ein Essay über gebaute Expressionsformen der Architektur und über den Experimentierraum für die menschliche Psyche.

Zustandsbeschreibung

Hans Dieter Schaal zu Raum, Theater und Bühnenbild

Ich kann jeden leeren Raum nehmen und ihn eine nackte Bühne nennen. Ein Mann geht durch den Raum, während ihm ein anderer zusieht, das ist alles, was zur Theaterhandlung notwendig ist.

Peter Brook

Jeden Morgen, wenn wir aufwachen, wenn unsere Augen sich öffnen, stellt sich uns die Welt mit ihren Objekten, Räumen und Bildern als reales Aussen entgegen. Innerlich hängen wir noch an den Träumen der Nacht. Diese gleichzeitige Existenz von Aussen- und Innenwelt zieht sich als Grunddrama durch unseren Alltag und unser ganzes Leben. Hier an dieser Schnittstelle liegt auch der Ursprung der Kultur, der Religion und der Wissenschaft. Die geistigen Vorstellungen ereignen sich subjektiv. Für andere Menschen sind sie unsichtbar. Ein Möglichkeitskosmos im Konjunktiv. Ihm zur Sichtbarkeit zu verhelfen, ist eine der Aufgaben der Kultur, der bildenden Künste, des Theaters, der Oper und des Films.

Während man beim Schlafen und später beim Umhergehen und Arbeiten in der eigenen Wohnung ganz bei sich selbst ist, hat jedes Sich-Hinausbegeben auf die Strasse, in die Öffentlichkeit der Stadt, einen theatralischen Aspekt: In den Augen der anderen wird man zum Darsteller eines Menschen, der die Strasse betritt. Man spielt eine Rolle: beim Einkaufen, beim Arzt, beim zufälligen Gespräch. Man ist freundlich oder unwirsch, je nach Tageslaune und Rollenverständnis.

Kollektives Betrachten

Darsteller oder Voyeur: Die Alltagswelt mit ihren zufälligen theaternahen Ereignissen reicht vielen zur Zerstreuung aus. Es wächst jedoch auch die Erwartung, dass etwas Spannendes sich ereignen möge, an dem man teilnehmen kann, um darüber das Gewicht der Welt mit all seinen subjektiven Sorgen zu vergessen. Als Surrogat dienen Sportveranstaltungen und Popkonzerte. Hier werden keine Inhalte vermittelt, nur Spannung garantiert. Beim Sport stellt sich bis zum Schlusspfiff die Frage: Wer ist der Sieger? Ist diese Frage beantwortet, geht man auseinander.

In Popkonzerten ist das Gemeinschaftserlebnis entscheidend; man hat den gleichen Musikgeschmack wie alle Umstehenden. Der Rhythmus lässt die Körper simultan beben.

Auch das Betrachten von Filmen in Kinos ist als kollektives Orientierungsmedium ein Massenphänomen, öffentliche Traumräume, die prägend für den subjektiven Geschmack und die Lebensideale geworden sind.

Informations- und Wissensvermittlung hat heute primär das Fernsehen übernommen. Nahezu alles, was sich an grossen und kleinen Dingen ereignet, wird gezeigt. Etwa sieben Stunden täglich verbringt ein Durchschnittsamerikaner vor dem Fernseher.

Der Besuch von Konzerten, Museen, Theater-, Opern- oder Ballettaufführungen ist heute eher eine Gewohnheit gebildeter Minderheiten. Kulturelle Veranstaltungen wie diese erfordern eine gewisse Anstrengung und die Bereitschaft zu hoher Konzentration. Wer sie besucht, will sich vielleicht für einige Stunden dem unendlichen Bildergewitter und der Informationsflut der Medien entziehen. Durch die Auseinandersetzung mit dem Kunstereignis überprüft der Besucher seine Interpretation der Realität. Es besteht die Chance, dass sich der Gegensatz zwischen dem Innen und dem Aussen aufhebt, dass beide Aspekte zusammenfliessen, und vielleicht ist man für einen kurzen Moment näher am Herzschlag dieser Welt.

Der Theaterraum ist ein Kunstraum. Realität erscheint nur, sofern sie für die Handlung gebraucht wird. Der Begriff Oper geht auf das italienische Wort *opera musicale* zurück, was Musikwerk bedeutet. Es handelt sich um ein Kunstwort, das aus dem lateinischen *opus, opera* gebildet wurde und mit «Mühe», «Arbeit», aber auch mit «erarbeitetes Werk» übersetzt werden kann. Stück und Werk, herausgebrochen aus der Totalität der Realität, konzentriert, komprimiert, mit Anfang und Ende, mit einer Form wie eine plastische Figur. Das eigentliche Werk ist vor der Aufführung allerdings nur als Text oder Partitur lesbar und sonst noch ungeboren. Im Theater haucht man ihm durch die Inszenierung Leben ein, es wird sichtbar und hörbar gemacht.

Aber das Dekor, die Schauspieler und die Hinweise des Dialogs bilden indessen eine vollkommen geschlossene Welt, weil wir nicht in sie eindringen können, weil wir sie nur sehen, eine einmalige Welt und eine Welt, die zugleich Typus der mensch-

lichen Welt ist: es ist einfach die Welt, in der ich lebe, aber plötzlich bin ich daraus vertrieben; anders gesagt, ich bin draussen. Normalerweise ist ein Mensch zugleich in der Welt, mittendrin, und draussen, da er sie ja ansehen kann.

Im Fall des Theaters haben wir die Negation: ich bin völlig ausserhalb und kann nur zuschauen; kurz, es gibt da einzig eine unmittelbare Erfüllung des menschlichen Verlangens, aus sich herauszukommen, um sich besser sehen zu können, nicht wie ein anderer Mensch einen sieht, sondern wie man ist. [...] hier ist es auf der Stelle realisiert, unmittelbar, ich existiere nur noch als blosses Sehen, und die Welt als Anwesenheit ist eine über sich geschlossene Welt, deren blosser Zeuge ich bin: ich habe keine Hände mehr, da ich dem Schauspieler ja nicht in den Arm fallen kann, um ihn daran zu hindern, dass er sich erstickt.

So scheint es mir der Ursprung, der Sinn des Theaters selbst zu sein, die menschliche Welt mit einer absoluten Distanz, einer unüberwindlichen Distanz zu zeigen, der Distanz, die mich von der Bühne trennt; und der Schauspieler befindet sich in einer solchen Distanz, dass ich ihn zwar sehen, aber nie berühren noch auf ihn einwirken kann. [...]

Andererseits haben wir, wenn wir uns in Distanz zum Dekor befinden, auch Distanz zum Menschen, das heisst, der Mensch, der vor uns ist und der spielt, ist jemand, den wir nur durch seine Handlungen wahrnehmen, wir können eine Figur nur durch ihre Handlungen kennenlernen; genau das bringt uns nun einerseits auf die Bedeutung des Mimen im Theater, und andererseits befreit uns eben die Tatsache, dass wir die Handlung betrachten, von der Psychologie.

Jean-Paul Sartre

Das Theater
Die Theater sind eben da wie ein leeres Loch, das gefüllt werden muss. Man hat Angst, dass das Loch sichtbar wird.

Heiner Müller

Zwei grundverschiedene Räume stehen sich gegenüber: die weiche Polstersessel-Landschaft des Zuschauerraums und der leere, an den Rändern mit Technik überkrustete Bühnenraum. Hier eine geordnete Sesselarmee, übereinander hängende Ränge, dort eine technoide Höhle, schwarzbrauner Bühnenboden mit Schrammen, Spuren und Zeichen, Wände mit Kabeln, Schaltern, Scheinwerfern, Gestängen, Treppen, Hebe- und Drehvorrichtungen, darüber der Schnürboden als Möglichkeitshimmel.

Zwischen diesen beiden Räumen befindet sich das entscheidende, verbindende, gerahmte, mit einem Vorhang zu öffnende und zu schliessende Loch: Fenster, Tür, Tor, Bild, Auge, Einblick, Durchblick, Ausblick. Die Bühnenöffnung ist auch eine Schnittfläche, der Vorhang nimmt die Rolle des anatomischen Messers und des Schafotts ein. Am Anfang bewegt sich das Messer rückwärts. Mit dem Öffnen der Schnittfläche blickt der Zuschauer in das Innere des Geschehens. Er sieht, wie die Gedanken, das Blut und die Sehnsüchte kreisen.

Während man sich in der Stadt fast immer bewegt, die Blicke wandern lässt, so dass sich ununterbrochen neue Perspektiven ergeben, sitzt der Theater- und Opernzuschauer in einem festgeschraubten Sessel und hat stets den gleichen Blickwinkel auf das Geschehen. Filmisch gesehen, gibt es im Theater nur die Totale.

Da Zuschauer- und Bühnenraum fensterlos sind, herrscht hier vollkommene Dunkelheit. Aus dieser Nacht werden Teile des Bühnenbildes mit den handelnden Personen herausgehoben. Das Licht wird zum entscheidenden Mitspieler. Es fällt durch Ritzen und Fenster, durch Türen und Löcher, schwach und bleich oder blendend hell, warm und gelb legt es sich über eine Sitzgruppe oder dringt gespenstisch blau durch unsichtbare Spalten in der Decke ein. Innerhalb von Sekunden lassen sich Stimmungswechsel erzeugen zwischen romantisch und banal, gemein und gemütlich oder dramatisch und sachlich. Das Theater ist nicht nur ein Experimentierraum für die menschliche Psyche, für die Expressionsformen der Architektur, sondern auch für die Stimmungslagen, die das Licht erzeugt, für Atmosphären.

Übergänge, Wahrheit und Lüge. Realität und Fiktion. Schauspieler täuschen etwas vor. Sie spielen nicht sich selbst, sondern andere Figuren. Masken als Symbole der Verwandlung. Ich werde du, du wirst ich. Was ist die Wahrheit von Räumen? Spielen Räume auch? Man lässt sich gern täuschen. Faszination des künstlich Gemachten, des Werkstatt-Charakters.

Im Theater brechen die Oberflächen auf. Illusionen, Expressionen, Träume glühen. In der Oper bringt die Musik die Ereignisse zum Klingen. Es gibt sie dann wirklich, die Liebe – hier und jetzt –, die Erlösung auch. Die Struktur der Intrigen wird überschaubar, immer sind es andere, die – stellvertretend – gequält, gefoltert und getötet werden. In dieser beleuchteten Vitrine, diesem Schaufenster dort vorn, sehen wir unser Leben für einen kurzen Moment glasklar.

Der Bühnenraum wird zum Spiegel: Der Betrachter kann aus seiner eigenen Ich-Befangenheit ausbrechen, an vielen Leben und Ereignissen teilnehmen. Zuschauen als Ich-Erweiterung und auch als Einordnungsritual in den Gesamtfluss der Welt, der Leben und der Schicksale. Man ist nicht mehr allein in seiner Zerrissenheit zwischen Gut und Böse, zwischen Glückssehnsucht und Niedergeschlagenheit. Die Tragödien nehmen ihren Lauf. Am Ende ist jeder ein Sieger, weil er überlebt hat und als Lebender hinaus auf die Strasse treten kann.

Das Bühnenbild
Der Bühnenbildraum ist vor allem Ausdrucksraum, gebaute Expression. Er definiert die Atmosphäre der Inszenierung. Die Sprache der Bildarchitektur ist künstlich: Geometrische Konstruktion und Realitätsfragmente begegnen einander. Strukturen entstehen und zerfallen. Personen und Räume werden als Einheit verstanden. Jeder erleidet und verzerrt die Architektur in seinem Sinne: zwischen Gefängnis und wohnlichem Schneckenhaus, zwischen spiegelnder Eleganz und marodem Zerfall. Die Wände, Türen und Fenster bleiben teilnahmslos stumm und kalt, oder sie mischen sich lästig in die Abläufe ein. In jedem Fall steht die Bildarchitektur nicht

1–9 Hans Werner Henze: Das verratene Meer

Oper in zwei Teilen von Hans-Ulrich Treichel, nach dem Roman *Gogo No Eiko* von Yukio Mishima; musikalische Leitung: Bernhard Kontarsky, Roland Böer; Inszenierung: Nicolas Brieger; Bühnenbild: Hans Dieter Schaal; Kostüme: Margit Koppendorfer; Licht: Olaf Winter; Dramaturgie: Jutta Georg; Videoprojektion: Hans-Peter Böffgen

Die Zerrissenheit des Jungen Noburu zwischen der erotischen Anziehung seiner Mutter Fusako, Männlichkeitswahn und übersteigertem Freiheitsdrang eskaliert in der grausamen Tötung von Ryuji – des Seemannes, der zugunsten einer bürgerlichen Existenz an Fusakos Seite das Abenteuer des Meeres aufgeben möchte.

Eine in ihrer Bewegung erstarrte, Hokusais Holzschnitt evozierende Welle dominiert die Drehbühne. Sie ist Projektionsfläche für Meergeflimmer und den Flug von Möwen, Rückwand für einen Park mit seinem Fischbrunnen und für Fusakos biederes Interieur; an die Rückseite der Welle lehnen eine an Stadt und Industrie gemahnende Architektur sowie das Schiff von Ryuji.

1–3 Aufführung an der Oper Frankfurt, Premiere: 9. März 2002
(Fotos 1–3: Thilo Beu)

4

5

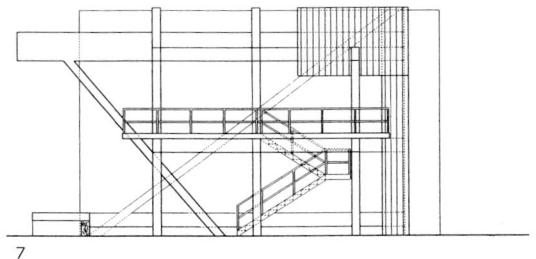

7

6

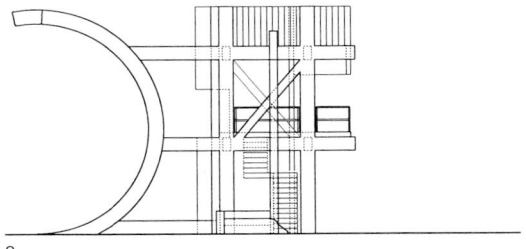

8

4–5 **Modellaufnahmen des Bühnenbildes**

6 **Vorbereitende Zeichnung**

7–9 **Drehbühne: Ansicht, Schnitt und Grundriss**

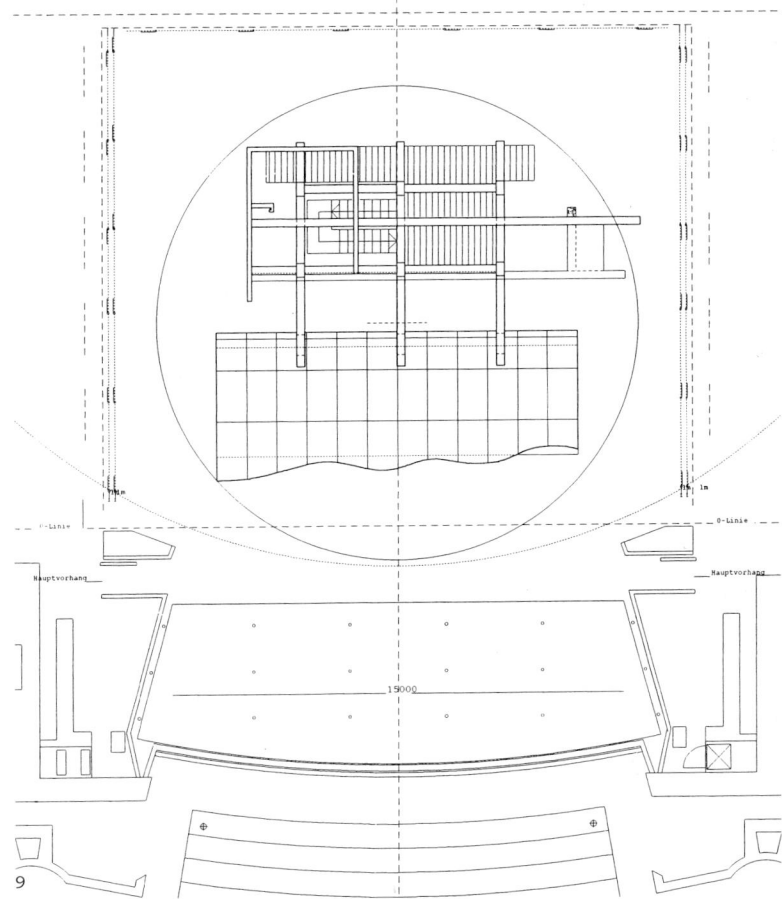

9

10+11 Aida, Aufführung am Opernhaus Rostock, Premiere: 2. Februar 2002
(Fotos 10+11: Maria Steinfeldt)

Oper in vier Akten von Giuseppe Verdi, Inszenierung: Arila Siegert; Bühnenbild: Hans Dieter Schaal; Kostüme: Marie-Louise Strandt

Die Oper wurde für die Eröffnung des Suez-Kanals geschaffen; zur Uraufführung kam es aber aber erst zwei Jahre nach dessen Inbetriebnahme, am 24. Dezenber 1871, im Opernhaus Kairo.

Die politisch aufgeladene Handlung kulminiert im Tod von Aida und Radames, Opfer der kriegerischen und amourösen Intrigen ihrer Umgebung.

Auf fast kahler Bühne wird der innere Bereich der Oper dargestellt: Hauptspielelement ist ein grosser Keil, der sich in verschiedene Positionen fahren lässt und am Ende, als das eingemauerte Liebespaar auf den Tod wartet, sich langsam wie eine riesige Grabplatte auf die Sterbenden senkt.

allein und einsam da, sie wird benutzt, liebkosend oder hasserfüllt. Surrealismus ist möglich: Schwarze Kuben senken sich herab, gefüllt mit Schnee, Wände neigen sich zur Seite oder bedrängen erotisch die Bewohner. Fremdartige Rohre kriechen über Fussböden, spalten Wände und umschlingen hilflose Schränke. Dinge leben, atmen und verhalten sich eigensinnig. Die Räume können uralt sein, schon viele Geschichten in sich aufgenommen haben, oder sie sind nagelneu, mit blitzenden Oberflächen ohne Patina. Sie erzählen fast nichts, ausser dass sie jung und unbenutzt sind.

Festgefügte Realitäten werden zerschnitten und neu zusammengesetzt. Denkorte. Räume wie schwebend zwischen der Welt der Fussgängerzonen, den Wohnungen und dem offenen Raum der Vorstellung.

Andere Zeiten. Klare Blicke. Unscharfe Blicke. Blicke wie durch ein Fernrohr, Blicke wie durch ein Mikroskop. Gefangen im Glasbau, umstellt von Betonmöbeln, überwölbt von Horizont und Himmel. Steine fallen herab wie Gedanken. Vögel fliegen durch das Bild.

Jedes Stück ist eine beschriebene Laboranordnung: Man muss den Darstellern anmerken, ob sie den Raum zum ersten, zum zehnten oder zum hundertsten Mal betreten. Man muss spüren, ob sie dort als Fremde zu Besuch sind oder ob sie dort wohnen und sich wohl fühlen.

Exhibitionismus: ohne Scham alles offen legen, die Emotion, die Sexualität, die Angst.

Räume als Lichtfallen.

Lichtflecken auf den Wänden. Flackernd, flimmernd oder starr, genau, exakt, geometrisch.

Bilderräume – Lichträume – Schattenräume – Lichtkorridore – Schattenkorridore – Bedeutungsschneisen – Wege und Räume durch die Dinge hindurch – Bewusstseinsräume – Unterbewusstseinsräume – Klassische Gefängnisse

... die Figuren haben sich im Kunstraum einen bestimmten Ort zu wählen, den sie als den ihrigen kennzeichnen, den sie aufgeben, zu dem sie zurückkehren, in dem sie Spuren hinterlassen, so dass sie auffindbar bleiben, auch wenn sie selbst nicht anwesend sind. Gibt der Komponist seinen Gedanken eine klangliche Aura, verleiht die Berghaus ihnen eine räumliche. Sie schafft einen figurenbezogenen Klang-Raum.

Ein Charakter offenbart sich dann unter anderem auch dadurch, wie der Mensch Räume aus- und durchschreitet, umkreist, tangiert, ob er sich ihnen vorsichtig öffnend oder gewaltsam sprengend nähert, welche Wege er geht und welche Orte er meidet.

Sigrid Neef über Ruth Berghaus

Vielleicht ist der Raum zu eng, ein Gefäss, eine Schatulle, gegen dessen Enge die Handelnden sich wehren; sie wollen ausbrechen, hassen die Wände, bearbeiten sie mit Händen und Füssen, oder der Raum ist zu weit, dann fühlen sie sich verloren und einsam. Frierend bilden sie ihre eigene Körperzone mitten im Raum.

In jedem Fall ist die Bühnenarchitektur inszenierter Scheinraum, provisorischer Kunstraum, offen für Experimente über Realität, Fiktion, Innen und Aussen.

Hans Dieter Schaal ist freischaffender Architekt, Bühnenbildner, Künstler, Ausstellungsleiter, Landschaftsarchitekt und Autor. Zusammenarbeit mit Ruth Berghaus und seit 1990 mit Nicolas Brieger, Christof Nel und Dominik Neuner; daneben Ausstellungsinszenierungen. 2000 wurde das neue Filmmuseum im Sony-Center in Berlin nach Entwürfen von Hans Dieter Schaal eröffnet.

Dieser Text ist ein Auszug aus dem Buch *Hans Dieter Schaal: Stage Design/Bühnenarchitektur*, welches im Mai 2002 im Verlag Axel Menges erschienen ist.

12+13 **Pénélope, Aufführung am Opernhaus Chemnitz, Premiere: 27. April 2002** (Fotos 12+13: Dieter Wuschansky)

Poème lyrique in drei Akten von Gabriel Fauré; musikalische Leitung: Fabrice Bollon; Inszenierung: Arila Siegert; Bühnenbild: Hans Dieter Schaal; Kostüme: Marie-Louise Strandt

Fauré komponierte diese heute selten gespielte Oper zwischen 1907 und 1912. Pénélope, Königin von Ithaka und Ehefrau von Odysseus, wartet seit zehn Jahren auf dessen Rückkehr aus dem Trojanischen Krieg.

Im Zentrum des Bühnenbilds steht der Turm von Penelope, auf den sie täglich steigt, um Ausschau zu halten, und den die Freier umkreisen. Penelopes Sicht fokussiert sich zunehmend so sehr in die Ferne, dass sie die realen, nahen Ereignisse – einschliesslich Odysseus' Rückkehr – nicht mehr wahrnimmt.

12

13

Abseits üblicher Reglementierungen und planungspraktischer Vorgaben bietet die Konzeption von Bühnenbildern für Architekten die Möglichkeit, gleichsam im idealen Raum zu agieren. Das Bühnenbild kann als Bühnen-Raum verstanden werden, welcher der Auslotung architektonischer Grundfragen dient. Während die Bühne einerseits das Experimentierfeld für gänzlich neue Ideen darstellt, werden andererseits bereits erprobte Konzepte auf die Bühne transferiert.

Experimentierfeld Bühne

Architektonische Konzepte für die Bühne von Coop Himmelb(l)au Margit Ulama

Der Beginn der Tätigkeit von Coop Himmelb(l)au fällt in die politisch motivierten, experimentellen späten Sechziger- sowie in die Siebzigerjahre, als mit grenzüberschreitenden Arbeiten die Idee von Architektur erneuert werden sollte. Am Beginn der Achtziger entstanden zwei Installationen, die den Impetus der frühen Zeit unmittelbar in sich tragen und dabei durch die Technik der Bricolage roh wirken. Diese Traditionslinie eines Randbereiches der Architektur setzen die späteren Bühnenarbeiten der Wiener Architekten fort, auch wenn sie nunmehr im institutionalisierten Rahmen des Theaters entstanden: *Der Weltbaumeister* für den Steirischen Herbst 1993 am Schauspielhaus Graz, *Ödipus Rex* für die Salzburger Festspiele 1994 im Grossen Festspielhaus sowie in einer Neuinszenierung 1998 für Amsterdam an der *Nederlandse Opera*, und schliesslich *Penthesilea* für das Schauspiel Frankfurt im Jahr 2001. Experimentell im unmittelbaren Sinn ist dabei nur das erste Beispiel; die darauf folgenden Stücke können als Paraphrasen auf bereits realisierte architektonische Entwürfe gelten.

Der Weltbaumeister

Basierend auf Bruno Tauts 1920 erschienener, kinematografisch orientierter Zeichnungsfolge *Der Weltbaumeister* konzipierten Coop Himmelb(l)au gemeinsam mit dem Komponisten Jens Peter Ostendorf eine Oper ohne Schauspieler und konventionelles Bühnenbild. Im Mittelpunkt standen allein die Musik sowie eine architektonische Gestaltung, die das Licht in den Mittelpunkt rückte. Coop Himmelb(l)au bezogen sich zwar auf die Notizen Bruno Tauts, die er im Rahmen seines *Weltbaumeister* machte, dennoch repräsentiert ihre «Bühnengestaltung» einen experimentellen Ansatz, der einen eigenen Entwurf weiterentwickelte. Die Architekten rekurrierten auf eine schnell entstandene, hingekritzelte Skizze vom Beginn der Neunzigerjahre, die sich aus einem Gewirr von Linien und Punkten zusammensetzt und für den Ostpavillon des Stadtmuseums in Groningen entstanden war. Mit solchen Zeichnungen oder vielmehr Skizzen, die den bewussten Gestus ausschalten oder zumindest so weit wie möglich zurück-

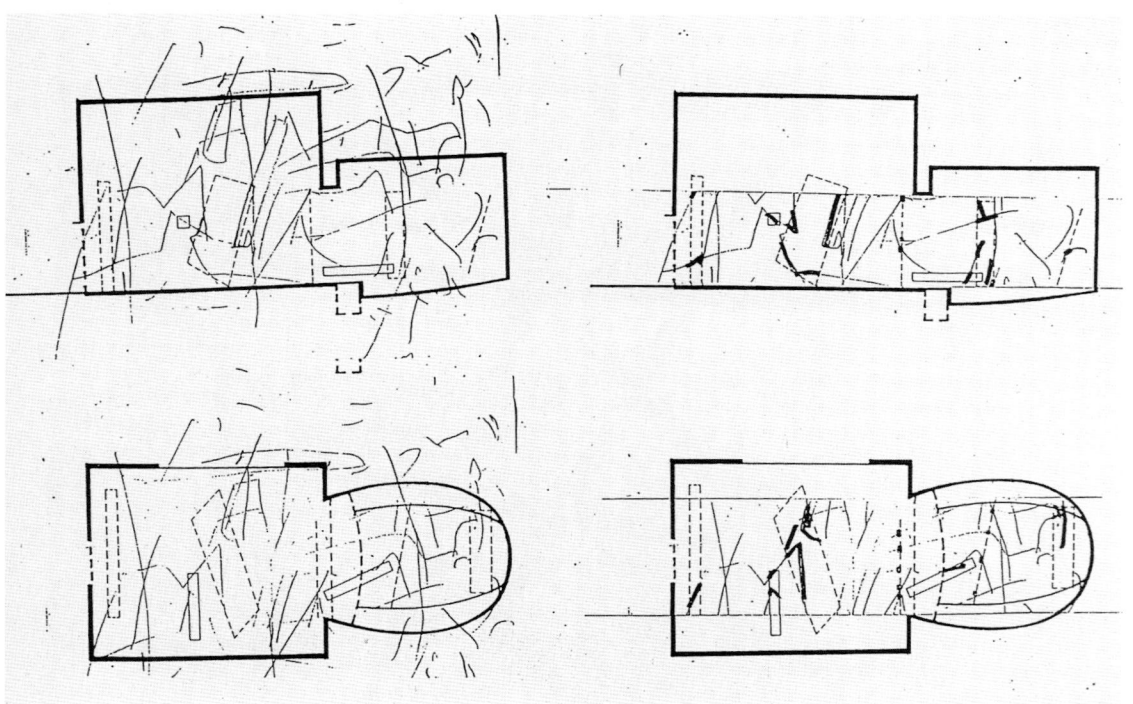

1 Der Weltbaumeister, Graz 1993
(Fotos: Markus Pillhofer)
Die Skizzen zeigen die Überlagerung der Theatergrundrisse und -schnitte mit aleatorischen Skizzen der Architekten.

2–4 Der Weltbaumeister, Graz 1993
Screen, Körper und beleuchtetes Bühnenbild sowie Modellfoto

2

3

4

5–8 **Ödipus Rex, Salzburg 1994**
Fassade und Foyer als fiktive Baustelle, Gesamtansichten des Bühnenprospekts

5

drängen wollen, experimentierten Coop Himmelb(l)au immer wieder. Sie entwickelten auf diese Weise eine Methode, welche natürlich auf eine Tradition in der bildenden Kunst – hier den Surrealismus – zurückgreift. Für die Aufführung in Graz wurde die Skizze über den Bühnengrundriss und -schnitt gelegt. Wolf D. Prix stellt selbst den Zusammenhang zwischen Groningen und Graz, zwischen Architektur und Bühnenkonzept her. Zum Entwurf für Groningen meint er: «Die erste Zeichnung versuchte, eine Architektur im Fluss zu halten, die sich unablässig verändert. Wir haben diese erste Skizze daher auch für drei unterschiedliche Projekte benutzen können. Für eine Ausstellung in Los Angeles, wo wir sie als Grundriss interpretiert haben. Für ein Bühnenbild, in dem wir sie als Schnittfigur behandelt haben, die den ganzen Raum des Theaters ausgeformt hat. Und wir haben sie in Groningen eingesetzt.»[1]

Auch wenn Prix hinsichtlich der Bühnengestaltung von einer Schnittfigur spricht, so stellte sich auch in diesem Fall – so wie bei anderen vergleichbaren Ansätzen – die Frage nach der räumlichen Umsetzung einer zweidimensionalen Idee. Man kann den Vorgang dahin gehend interpretieren, dass aus der vertikalen und horizontalen Überlagerung der Skizzen unregelmässige, kleine Körper entwickelt wurden, die schliesslich durch geschwungene, lineare Elemente verbunden und durch vertikale Flächen strukturiert wurden. Diese aus gespannten Stahlfedern bestehenden Screens bilden die architektonische Partitur, die Notenlinien für die dazwischen schwebenden Körper. Die Screens stellen die Struktur dar, auf der sich die Körper abbilden, sie dienen der visuellen Definition einer Verräumlichung. Raum bedeutet hier die Schichtung von flächenhaften Elementen. Die schwebenden, unregelmässigen Elemente veranschaulichen diese Schichtung und vice versa. Hinzu kommen die monochromen Lichtprojektionen von annähernd zwanzig Diaprojektoren als farbige, zugleich immaterielle Ebene. Die experimentelle Bühnengestaltung materialisiert sich als freie Architekturgestaltung par excellence.

Ein durchgehendes bogenförmiges Element fungierte als verbindendes Element von der Hinterbühne bis zum Eingang und hob eine traditionelle Zonierung zeichenhaft auf. In diesem Sinn waren auch das Orchester sowie das Publikum im Raum verteilt.

Das Konzept birgt in sich weit reichende architektonische Implikationen. Eine regelmässige Struktur, die auch statische

6

7

8

Funktionen übernimmt, eröffnete in der Geschichte der Architektur immer wieder «Raum» für frei gestaltete, zufällig wirkende Elemente. In diesem Sinn umspielen Blasen und Kurven das leichte Skelett der *Zukunftsakademie* des Himmelb(l)au'schen Büros (1999). Doch den Beginn für solche Konzepte setzte bereits Le Corbusier mit seinen frühen Entwürfen, dem Maison Domino von 1914 und wenig später der Villa Stein.

Ödipus Rex (Salzburg)

Zweifellos lässt sich die Frage stellen, inwieweit die Bühne der rechte Platz für architektonische Experimente ist. Ein organisches Zusammenwirken von Inszenierung und Bühnengestaltung bildet wohl in jedem Fall eine Voraussetzung für ein eindrucksvolles Resultat. Die jüngeren Bühnenkonzepte von Coop Himmelb(l)au entwickeln sich jedenfalls als unmittelbare Weiterführung eigener architektonischer Entwürfe, die – wie das erste Beispiel – den isolierten Raum für eine betonte Lichtregie nutzen. Peter Sellars' Inszenierung von Strawinskys *Ödipus Rex* präsentierte sich zunächst als Affront des Publikums der Salzburger Festspiele. Aussenfassade und Foyerbereich wurden gleichsam zur Baustelle, indem man beide Bereiche auffällig stützte. Die Besucher glaubten tatsächlich an die Brüchigkeit des Hauses, und im metaphorischen Sinn wurde der etablierte Kulturbetrieb gestützt. Von dieser Inszenierung des Provisorischen mag man Verbindungen zu den frühen Installationen von Coop Himmelb(l)au herstellen, man mag die unregelmässigen, schräg stehenden Stützen des zeitlich parallel entstandenen Bürobaus in Seibersdorf südlich von Wien (1993–1995) assoziieren. Doch die Holzpflöcke bleiben auch im ideellen Sinn provisorisch. Auf der Bühne folgt dann ein starker Bruch: ein leerer Raum, eine einzelne Wand mit grossen Glasschindeln, Neonröhren als verstreute Zeichen, die über allem schweben. Auch diese paraphrasieren das Zufällige, man möchte sagen das zufällige Kritzeln, das man in anderem Kontext wiederfindet.

Die isolierte Glaswand bewegt sich als primäres Element langsam über die Bühne. Architektur pur, und man denkt unweigerlich an Eva Schlegels Installation im Rahmen der Neugestaltung des österreichischen Biennale-Pavillons in Venedig (ebenfalls von Coop Himmelb(l)au), die 1995 entstand. Damals verdeckte Schlegels ähnlich gestaltete Glaswand die axial-symmetrische Front des Hoffmann-Pavillons von 1934; verschwommene Schriftzüge hielten den Blick zudem ab. Die

9

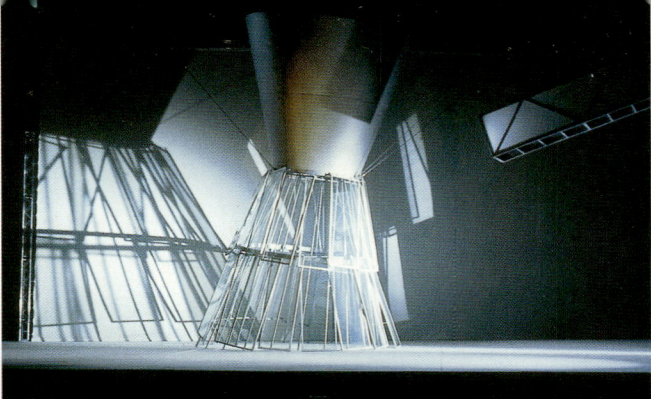
10

11

eigentliche Bühnenwirkung des Elements resultiert schliesslich aus der Lichtregie von Jim Ingalls, welche die sowohl transparent als auch milchig wirkenden LCD-Gläser in ihren unterschiedlichen Facetten wirken liess.

Ödipus Rex (Amsterdam) und Penthesilea
Die architektonischen Konzepte für *Ödipus Rex* und *Penthesilea* liegen nah beieinander, was die Vermutung bekräftigt, diese würden sich unabhängig vom Inhalt des jeweiligen Stücks entwickeln. Die Architekten halten fest, es ginge ihnen bei *Ödipus Rex* «um das Erblinden und Verschwinden in Zeit und Raum» und deren Darstellung auf der Bühne. Die Figur des Doppelkegels wird variiert und mit einem Brückenelement kombiniert. Denkt man zum Beispiel an das 1998 fertig gestellte Ufa-Kinozentrum in Dresden oder die Bauten von Coop Himmelb(l)au für die Expo.02 in Biel, so verwenden die Architekten die skulpturalen Elemente etwas inflationär, was eine Entwertung zur Folge hat – in Dresden sind sie allerdings Teil eines zukunftsweisenden Bauwerkes, das architektonische Themen völlig neu interpretierte. *Ödipus Rex* entstand in Amsterdam wieder unter der Regie von Peter Sellars mit der Lichtregie von Ingalls. Vielleicht muss man von Bühnen«bildern» im eigentlichen Sinn sprechen, um der genuinen Qualität der Gestaltung näher zu kommen. Die Reduktion der Elemente ist klar und prägnant zugleich: der weisse Boden samt der weissen Rückwand, die als eigenständiges Element bewusst abgesetzt ist; der elf Meter hohe Doppelkegel als figurales Element und die in den Bühnenraum ragende Brücke als architektonische Grundform und Metapher für Architektur überhaupt.

Während der Doppelkegel in Dresden ein abstraktes Element darstellt, wird er in diesem Fall zum Frauenkörper (in Anspielung auf die weibliche Identität von Ödipus Rex), er wirkt trotz kühler Materialien weich, und zwar in seiner geneigten Form, bei der die Mitte zur Taille wird und die Glasschindeln zum ausgestellten Rock. Dabei handelt es sich wieder um LCD-Paneele, die in ihrer undurchsichtigen Form einen «Zauberrock» kreieren, in dem die Schauspieler von unten erscheinen können. Neben der Abstraktion von Boden und Wand erscheint in der Brücke ein erstes Muster, das der Doppelkegel/Rock aufgreift und weiterführt. Und so entstehen mit der Beleuchtung einerseits betont einfache Bilder, andererseits solche mit theatralischen Schattenwürfen des Doppelkegels. Beim nahen Blick auf und in diesen wird der Rock

9–11 **Ödipus Rex, Amsterdam 1998**
Doppelkegel und Gesamtansichten des Bühnenbildes

12+13 **Penthesilea, Frankfurt am Main 2001**
Gesamtansichten der Bühne

vollends zur konstruktivistischen Skulptur (ein Blickwinkel, der sich dem Publikum zugegebenermassen nicht bietet). Bereits 1925 fotografierte László Moholy-Nagy in den Pariser Eiffelturm und machte ihn auf diese Weise zu einem solchen Objekt.

Wenn man von eindrucksvollen «Bildern» der Bühne spricht, stellt sich einmal mehr die Frage nach dem Bezug zum Inhalt der Darbietung. Vielleicht benötigt ein solches gestalterisches Konzept ein eigens dafür geschriebenes Stück mit entsprechenden konzeptuellen Grundlagen.

Für die Inszenierung von *Penthesilea* in Frankfurt am Main variierte man die bekannte Idee. Nun ist der Boden gekippt, und die geneigten Doppelkegel werden mit den von Schleiernessel umhüllten Stahlseilen vollends zu schreitenden Figuren. Das Brückenelement wird nun dezidiert als männlich, die Figuren werden als weiblich verstanden. Auch der Schleiernessel wirkt je nach Beleuchtung transluzent oder transparent. Doch die Idee ist bereits hinlänglich bekannt; vor allem fehlte eine entsprechende Lichtregie, was von Ar-

chitektenseite beklagt wird. Die Inszenierung von Anselm Weber stand unter schlechten Vorzeichen, und die deutsche Presse sprach im November des Vorjahres von einem «theatralischen Unglücksfall» und einer «Katastrophe». Kritisiert wurde dabei auch die «Beschäftigung von Leuten, die dramaturgisch zu denken weder gelernt haben noch dazu bereit sind». Diese Behauptung mag zu kategorisch und allgemein sein, doch führt erst eine kongeniale, die Disziplinen übergreifende Zusammenarbeit zwischen dem Regisseur und dem Architekten als Bühnengestalter zu einem überzeugenden und produktiven Ergebnis.

Margit Ulama studierte Architektur an der TU Wien, 1998–2000 Gastprofessorin an der Universität für Gestaltung Linz. Zahlreiche Architekturtheoretische Publikationen; arbeitet als Kuratorin und Jurorin des Wettbewerbs «future vision housing». Vorstandsmitglied der Österreichischen Gesellschaft für Architektur.

Anmerkung
1 Wolf D. Prix, zitiert nach: Frank Werner, *Covering + Exposing. Die Architektur von Coop Himmelb(l)au*. Basel, Boston, Berlin 2000, S. 182.

Als erste Theaterarbeit von Daniel Libeskind entstand das Bühnenbild für Richard Wagners «Tristan und Isolde» in Saarbrücken. Zentrales Element bildete eine drehbare und gleichsam perforierte Mauerschale, welche den Protagonisten mal Schutz gewährte, mal aber auch bedrohlich wirkte. Vielleicht war es die frühere Ausbildung als Musiker, die den Architekten zu einer der Dramaturgie gerecht werdenden Szenografie befähigte.

Der Raum wird hier zur Wand

Tristanakkordarbeit: Das Saarbrücker Bühnenbilddebüt des Architekten Daniel Libeskind Gerhard R. Koch

«Alles schreit. Es ist dasselbe im Venusberg wie im Tristan, dort verliert es sich in die Anmut, hier in den Tod, überall der Schrei, die Klage.» Wagners Selbstexegese lässt einen Traum aufkeimen: Hätte doch Francis Bacon ein *Tristan*-Bühnenbild geschaffen. So wie er in *Three screaming Popes* Velázquez' Papstporträt mit dem aufgerissenen Schmerzensmund der Kinderfrau aus der Freitreppen-Szene von Eisensteins *Panzerkreuzer Potemkin* ins Katastrophische trieb. *Tristan* als expressiver, expressionistischer Exzess.

So richtig dies ist, so hilflos steht man gleichwohl vor dem Werk, versucht man, sich dieses solchermassen ausdrucksintensiv szenisch zu imaginieren. Denn sogleich merkt man: Wagner hat hier eben nicht nur eine Passion komponiert, sondern auch mit Sprach- und Klangmaterial autonom gebaut – und seine rätselhafte Bezeichnung «Handlung» zielt womöglich auf nichts Geringeres als eine Art paratheologische «Wandlung» mit den Mitteln ästhetischer Immanenz. Eben diese liesse sich auf den Begriff bringen: Dekonstruktion. Denn grosse Musik resultiert nicht selten aus ihrem Widerspiel von Struktursystematik und Explosivkräften: ob Gesualdos Madrigale, die drei grossen B-Dur-Fugen des späten Beethoven, *Tristan* oder Schönbergs Erwartung – die Dichte der Sprachführung hat essenziell mit dem Chaos zu tun. Insofern bleibt der ominöse *Tristan*-Akkord zentrale Chiffre der Auflösung wie des Brückenbaus zu anderen Planeten.

Deshalb fühlen sich abstrakte bildende Künstler, aber auch Architekten immer wieder gerade zu diesem Schlüsselwerk der Grenzüberschreitung hingezogen: der Lichtkünstler Adolf Luther zusammen mit Nikolaus Lehnhoff in Frankfurt, Günter Uecker und Götz Friedrich in Stuttgart, Hans-Dieter Schaal und Ruth Berghaus in Hamburg – und nun auch Daniel Libeskind in Saarbrücken. Gemeinsam war ihnen allen die Skepsis gegenüber einer allzu wohlfeilen Espressivo-Psychologisierung, gar im Sinne eines schwitzenden Erotodrams. Stattdessen eher: Kälte, Abstraktion, in Analogie zur Quasi-Absolutheit der Wagner'schen harmonischen, polyphonen und klangfarblichen Prozesse.

Es dürfte Udo Zimmermann, den neuen Intendanten der Deutschen Oper Berlin, wenig gefreut haben, dass seine in-

szenatorische Trumpfkarte nun schon ein gutes Jahr vor dem Spielbeginn anderenorts auf dem Tisch liegt. Denn als Regisseur wie Ausstatter sollte Daniel Libeskind, der Stararchitekt des Dekonstruktivismus, in gut einem Jahr in der Berliner Bismarckstrasse debütieren: der Erbauer des Berliner Jüdischen Museums ausgerechnet mit dem allerkatholischsten *Heiligen Franziskus* Olivier Messiaens. Da gerade Wagner ein Verehrer des spanischen Barocktheaters, vor allem Calderons, war, liesse sich vom Urtypus der «autos sacramentales», der «Heiligen Handlungen», durchaus eine Linie ziehen sowohl zu Messiaens frommer Legende als auch zu Wagners Tristan-«Handlung».

Das Saarländische Staatstheater und der Regisseur Christian Pöppelmann kamen jedenfalls Zimmermann zuvor, und so widerfuhr Saarbrücken die Ehre von Libeskinds Bühnendebüt. Auch Libeskinds Jüdisches Museum ist alles andere als ein statisches Ausstellungshaus, sondern gibt ein in seiner Dynamik gefrorenes Bild einer entschieden ge- und zerborstenen Geschichte, katastrophischer Vergeblichkeit: ein Ort für das Niemandsland. Wenn nun Libeskind einen Raum für *Tristan und Isolde* imaginiert, dann geht es ihm ebenfalls schwerlich um eine lineare Theatererzählung, gar realistische Schauplatz-Illusion oder auch nur expressiv-mimetische psychologisierende Begründungszusammenhänge – sondern um visuelle Äquivalente zur Musik und damit auch zur Gesamtdramaturgie des Werks. Die vier chromatisch auseinander driftenden Linien des *Tristan*-Akkords und die alte Unübersichtlichkeit der Vorgeschichte schiessen denn auch zusammen zu einem komplexen Ensemble dekonstruktivistischer Architektursculpturen: Stehen sich im ersten Akt zwei weisse, wie ausgefranst zerstufte Türme gegenüber, deren horizontale Aufspaltungen sehr wohl einiges von den magnetisch-widerstrebenden Gefühlsregungen des Paars zu imaginieren vermögen, so wird im zweiten der Raum, wenn schon nicht gleich zur Zeit, so doch zu einer halb durchlässigen, fast ein wenig regelhaften Wand, die Grenzüberschreitungsmöglichkeiten suggeriert, gleichwohl starr verweigert. Im dritten Akt schliesst sich fast eine Art Kreis, doch keineswegs im Sinne harmonisierender Auf- oder gar Erlösung: Eher ist es ein Kerker, freilich von der luftig-hellen Art, Treppen führen ins Nichts, Stützelemente tragen nichts, der Raum

Architektur und Theater
Daniel Libeskind zum Bühnenbild für die Saarbrückener «Tristan»-Inszenierung

Der Unterschied zwischen Architektur und Theater besteht darin, dass im Theater alles errichtet wird, um bald zu verschwinden. Die Dauer ist nicht der Sinn des Theaters, aber es ist unvergleichlich kraftvoll. Es erzeugt Erinnerung und Emotionen, die in den Gedanken und Herzen der Zuschauer andauern. Das haben Theater und Architektur gemeinsam. Der Effekt ist der gleiche, nur die Mittel sind anders. In der Architektur arbeiten wir mit Stein, Beton und Glas, auf dem Theater nur mit Papier, Leim und leichten Materialien; die Erinnerung aber ist gleichermassen stark. Die Bühne wird immer Teil des architektonischen Raums sein – und seiner Dauerhaftigkeit.

Ich mag Richard Wagner nicht als Person, ich mag die verheerenden Dinge nicht, die er geschrieben hat. Tristan und Isolde, diese aussergewöhnliche Liebesgeschichte, ist aber immun gegenüber all seinen ideologischen Fehltritten. Ich bin interessiert an der Musik und der Bedeutung, die sie heute für uns hat. Die Musik ist geheimnisvoll, fesselnd und voll von Leben sowie Dialogen über Themen, die mit dem Leben im Allgemeinen zu tun haben: Tod, Leben, Licht, Dunkelheit. Die Ambivalenz der Musik ist Teil der Ambivalenz der Moderne.

In einem Theater zu arbeiten, das von den Nazis entworfen und der Stadt als ein Geschenk Hitlers übergeben wurde, hat einen Einfluss auf meine Arbeit gehabt. Mein Bühnenbild bezieht sich auf diese Erfahrung, aber diese Erfahrung ist nicht niederschmetternd – so als ob wir nicht überleben könnten. Wir müssen über diese Erfahrung sprechen – vermittels der Musik, der Bühne sowie vermittels der Emotionen und des Intellekts der Zuschauer. Die Naziarchitektur des Gebäudes darf nicht ignoriert werden, sie ist da, und also besteht eine bestimmte Beziehung zwischen ihr und dem Bühnenbild. Die Naziarchitektur ist furchterregend und hässlich, weil sie den Gegensatz zur Idee des Humanen darstellt. Die Schönheit des Theaters besteht darin, dass man während einer Aufführung diese Disposition vergessen kann – falls die Aufführung gut ist. Wenn etwas Bewegendes auf der Bühne geschieht und das Publikum gebannt der Musik lauscht, dann schrumpft die Architektur des Gebäudes.

Mein Bühnenbild hat mit dem Narrativen, Symbolischen und Psychologischen nichts zu tun, sondern mit der Musik selbst, mit ihrer Struktur, die auf der Basis des Librettos von Richard Wagner errichtet wurde. Der musikalische Raum birgt die Handlung. Das Bühnenbild aber ist nicht nur abstrakt – so wie die Musik auch nicht immer abstrakt, sondern auch figurativ ist. Es geht um Transformation – nicht mit dem Mittel der Metaphern, sondern mit jenem der Metamorphose.

Übersetzung aus dem Amerikanischen: Hubertus Adam

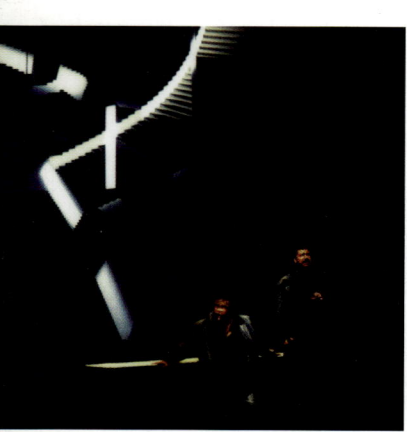

mündet ins Leere, gewiss nicht ins Freie. Piranesis *Carceri* klingen an, doch ins Licht hellster Verzweiflung entrückt. Je mehr man sich in diese Bühnenarchitektur einsieht, um so plausibler wirkt sie; vor allem das dritte Bild spricht abstrakt und ohne aufgedonnerte Symbolik aus, was diese Musik umtreibt: das Herauswollen aus allen Zwängen, denen dennoch nicht zu entrinnen ist.

Christian Pöppelreiter akzentuiert die Tristan-Handlung entsprechend antirealistisch, macht Tristan zum Schmerzensmann, geschlagen damit, das Doppelbild seiner Eltern mit sich zu tragen. Konkret wird allenfalls die Gewaltbasis der Marke-Ehe: Isolde wird gefesselt herbeigeführt. Ansonsten inszeniert Pöppelreiter die Geschichte einer letztlich irrealen Liebe, mit gelegentlichen Resten gestischer Konvention. Zweimal glaubt man regelrechte Filmzitate zu erkennen: Der Kurwenal im dritten Akt erinnert jedenfalls an Russell Crowes *Gladiator* – und wenn Isolde durch den mittlerweile fast obligaten Vertikalspalt zu Tristan vorgedrungen ist, erfährt sie ihren Liebestod am Boden in Embryonalhaltung wie Isabelle Huppert in Chabrols *Süssem Gift*.

Musikalisch widerlegt die Aufführung schlagend die Klischees des Provinziellen: Stefano Algieri singt einen bemerkenswerten, dunkel-heroischen, kantablen, einzig im Piano etwas ungefügen Tristan, Hedwig Fassbender eine beeindruckend schlank-intensive Isolde, Max Wittiges einen sehr nachdrücklichen Kurwenal, und mit einem markanten Prachtbass kann Hiroshi Matsuis Marke aufwarten. Das Orchester unter Olaf Henzold spielte in exzellenter Form, zumal man aus dem offenen Orchestergraben vieles hört, was man in Bayreuth oft nur ahnen kann.

Jede Tristan-Aufführung hat ihre Schwächen. Doch die Saarbrücker Version liefert ein starkes Plädoyer für das Potenzial des «Stadttheaters», das letztlich vielleicht doch wichtiger und produktiver ist, als es die Dauerdiskussion über den «Grünen Hügel» mutmassen lässt.

Der Beitrag erschien als Premierenrezension erstmals in der Frankfurter Allgemeinen Zeitung am 18.4.2001.

Pappröhren sind ein Baumaterial, das der japanische Architekt Shigeru Ban in den vergangen Jahren vielfach verwendet hat. Die Vorteile liegen auf der Hand: Pappröhren lassen sich in verschiedenen Längen herstellen, sind stabil, leicht und überdies preisgünstig. Für das Bühnenbild eines Theaters in der Tokioter Ginza wählte Ban Röhren als einziges Elemente der Kulissen. Mit einfachsten Mitteln konnten spezifische Räume für verschiedene ostasiatische Theatertraditionen generiert werden.

Räume aus Röhren

Entwurf für ein Bühnenbild von Shigeru Ban, 1997 Oscar Sedlatzek

Anders als in Europa gibt es in Ostasien keine starke Tradition aufwändiger Bühnenbilder. Aber auch mit einfachen Mitteln lässt sich ein effektvoller Bühnenraum kreieren, wie der japanische Architekt Shigeru Ban beweist. Ban ist spätestens seit dem Bau des japanischen Pavillons auf der Weltausstellung EXPO 2000 in Hannover in Europa für seine ungewöhnliche Verwendung von Pappröhren in der zeitgenössischen Architektur bekannt. Aus dem gleichen Material hat er ein Bühnenbild entworfen, das sich sowohl für japanische als auch für chinesische Theateraufführungen eignet.

Insgesamt 91 je fünf Meter hohe und 30 Zentimeter dicke Röhren aus 6 Millimeter starkem Recyclingkarton hat er dafür in verschiedenen Formationen im Bühnenhintergrund aufgestellt. Das Licht- und Schattenspiel, das entsteht, wenn Licht aus mehreren Quellen von hinten durch eine Reihe derartiger Pappröhren fällt, hat den Architekten schon beim Bau des Festival-Pavillons in Odwara fasziniert und ist ein Motiv, das immer wieder in seinem Werk auftaucht, von seinem eigenen Wochenendhaus am Lake Yamanakaku bis hin zu der berühmten Kirche für Erdbebenopfer in Kobe.

Für das Kabuki-za-Theater in der Tokioter Ginza hat Ban ein Bühnenbild entworfen, das sich für japanische Dramen und chinesische Musiktheateraufführungen gleichermassen eignet. Für jeden Akt und auch die im japanischen Theater üblichen Interludien zwischen ihnen wurde eine räumliche Variante entwickelt.

«Ma» ist der Grundbegriff des genuin japanischen Raumverständnisses und liesse sich am ehesten mit «Raumeinheit» übersetzen. Selbst nur die fragilste Andeutung einer Trennung kann einen Raum definieren; der Begriff kann aber auch im übertragenen Sinn für Zeiträume und Situationen genutzt werden.

Während für die traditionellen japanischen Kyogen-Szenen nur ein Geviert aus Röhren genügt, um einen Eindruck von «Ma» zu vermitteln, wird für die Peking-Oper-Szenen ein grosser Raum benötigt. Die Möglichkeiten einer Drehbühne nutzend, hat Ban so trotz einfachster Mittel sowohl konvexe als auch konkave Bühnenräume geschaffen. Ein halbovaler Raum aus im weiten Bogen aufgestellten Röhren wird während dieser Szenen von einem Vorhang verdeckt, der sich erst am Ende der Aufführung für die musikalische Schluss-Szene öffnet.

1 **Schlussbild der Bühnenaufführung**

2–5 **Varianten der Bühnengestaltung für das traditionelle japanische Kyogen-Drama, die Peking-Oper, die Zwischenakte sowie das Schlussbild**

6 **Kyogen-Drama**

7 **Peking-Oper**

8 **Zwischenakt**

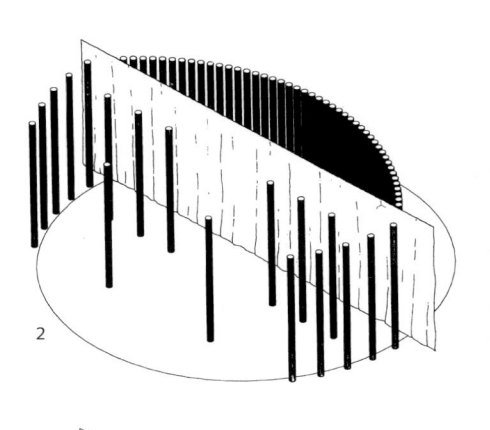

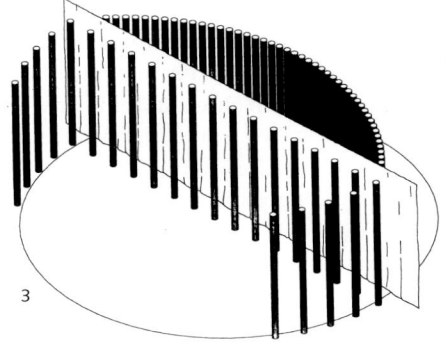

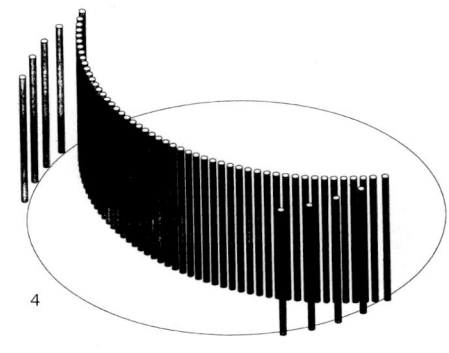

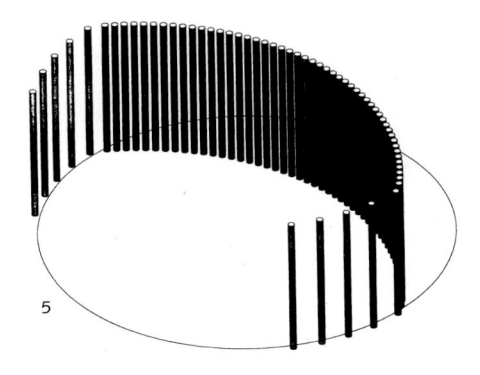

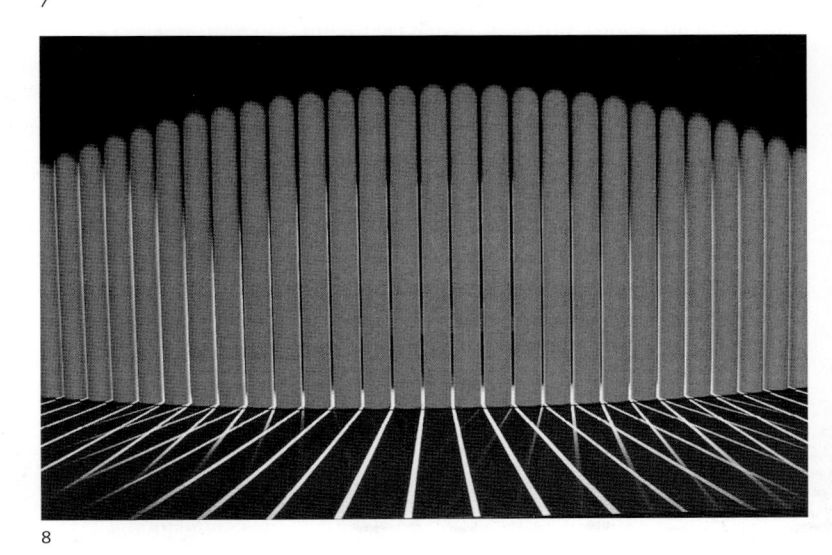

Autor:
Oscar Sedlatzek ist Architekt und Publizist in Berlin. Zur Zeit hält er sich im Rahmen eines Forschungsaufenthalts in Japan auf.

Mit einfachsten Mitteln gelang es Toyo Ito, für die Szenografie eines modernen Ballettes eine irritierend fremde und doch vertraute Welt unter Wasser zu generieren. Die Illusion resultierte nicht aus einer formalen Abbildung der aquatischen Welt, sondern aus der Erzeugung ungewohnter optischer und akustischer Phänomene, subtiler Verzerrungen und leichter Wahrnehmungsverschiebungen – eine Illusion, die im urbanen Alltag des fliessenden Raumkontinuums und der Informationsströme ihr reales Pendant findet.

Wassermusik

Toyo Ito & Associates, Szenografie zur Tanz-Performance «Choron», Tokio, 2001 Judit Solt

Die Bühne des Theater Cocoon in Tokio war weitgehend leer, als der japanische Avantgardist Kota Yamazaki im Mai letzten Jahres zusammen mit zwölf Tänzerinnen und Tänzern den Dreiakter *Choron* aufführte. Die moderne Tanz-Performance thematisierte eine betont unterkühlte Wasserwelt: keine trüben Tiefen, sondern ein kristallklares Meer voll heller Spiegelungen, in dem die Tänzerinnen und Tänzer mit gleitenden, schwebenden Bewegungen agierten. Die verhaltene Choreografie und die zeitgenössische Musik verstärkten die eigentümliche Stimmung des Bühnenraumes, eine verblüffend gelungene Kombination von Leere und Umspültsein; die zugleich klare und dumpfe marine Atmosphäre wurde indes vor allem durch das betont zurückhaltende Bühnenbild von Toyo Ito & Associates erzeugt.

Vertraut und verfremdet
Der Hintergrund der Bühne bestand aus lose von der Decke hinuntergehängten, schmalen Aluminiumbahnen, die sich unter ihrem eigenen Gewicht leicht wellten und auf diese Weise eine ebene, doch sanft bewegte Oberfläche bildeten. Die gleichen Aluminiumbahnen bedeckten auch den Bühnenboden: ein einfaches Bühnenbild, das während des ganzen Stückes beibehalten wurde. Doch so rudimentär diese Vorrichtung auf den ersten Blick auch wirken mochte, so vielfältig liess sie sich für die Erzeugung verschiedener, raffiniert orchestrierter Wirkungen einsetzen. Während im ersten Akt einzig die Reflexionen des Lichtes die Atmosphäre des Bühnenraumes regulierten, kamen im zweiten Projektionen hinzu, die die gewellte Metalloberfläche mit bizarren Verzerrungen und Spiegelungen ins Schwingen brachten. Im dritten Akt schliesslich erschienen fünf sich röhrenartig nach oben windende, an Wasserpflanzen erinnernde Gebilde auf der Bühne: textile Strukturen, die auf eine unregelmässige, organisches Wachstum evozierende Armatur aufgezogen waren. Diese sowohl vertrauten als auch abstrakten Formen verliehen der Bühne eine verwirrend massstabslose räumliche Tiefe.

Die atmosphärische Vielschichtigkeit und Dichte resultierten nicht aus einer direkten Abbildung der aquatischen Welt, sondern aus der Bühnenadaptation optischer und akus-

1–2 **Tanzperformance Choron, Theater Cocoon, Tokio, 2001**
(Photos 1–2: Yasukei)

3 **Ausstellung Visions of Japan, Victoria and Albert Museum, London, 1991**
Bewegte Projektionen veranschaulichen den Fluss des Lebens in der Megapole Tokio

4 **Installation Health Futures, Expo 2000, Hannover**

1

tischer Phänomene, denen der Mensch sonst beim Tauchen begegnen dürfte – aus der Verzerrung vermeintlich bekannter Formen und Töne, aus einer leichten, aber wirkungsvollen Wahrnehmungsverschiebung. Der subtile Einsatz weniger Materialien spielte dabei eine unspektakuläre, doch entscheidende Rolle. So evozierte die changierende, aus einzelnen Elementen zusammengesetzte Aluminium-Oberfläche nicht nur Wasser, sondern weckte auch Assoziationen an metallisch schimmernde Fischschuppen. Zudem hatten die wie eine Tapisserie aufgehängten oder als Teppich auf dem Boden ausgebreiteten Metallbahnen einen ausgesprochen textilen Charakter, während die textilen Gebilde stabil in die Höhe ragten. Diese Verfremdungen, Mehrdeutigkeiten und Übertragungen hinterliessen stets eine leichte Irritation, wie sie sich durch die Verunsicherung eines Aufenthaltes in einer fremden Welt einstellt.

Der Fluss des Lebens

Es ist wohl nicht allein dem Zufall zuzuschreiben, dass die in «Choron» wuchernden, pflanzenartigen Gebilde an die Tragstruktur der 2001 eröffneten Mediathek in Sendai erinnern: Dieser dienten Wasserpflanzen als Inspiration. Beiden Entwürfen liegt indes Toyo Itos langjähriges Interesse für die Einbeziehung natürlicher Gegebenheiten in die Architektur zugrunde. Bereits der 1986 erstellte Turm der Winde in Yokohama überhöhte und interpretierte Luftströmungen durch elektronische Mittel; die Meereswelt von *Choron* und die Mediathek in Sendai zeugen von einem Interesse für das Wasser, das sich bereits in der Ausstellung «Visions of Japan» im Victoria and Albert Museum in London (1991) oder in der Installation «Health Futures» für die Expo 2000 in Hannover offenbart hatte: Während die Ausstellung sich mit Projektionen urbaner Bilder begnügte, die den Eindruck erweckten, als befände sich der Besucher unter Wasser, enthielt «Health Futures» tatsächlich eine Wasserfläche, deren reale Lichteffekte durch virtuelle verfremdet wurden.

In einem weiteren Sinne kann diese Beschäftigung mit den Phänomenen des Wassers und des Fliessens, und insbesondere die Szenografie von *Choron*, als spielerische Variation eines städtebaulichen Themas aufgefasst werden: Toyo Ito versteht die Stadt und öffentliche Gebäude weniger als eine Folge von materiell definierten Räumen, sondern vielmehr als einen einzigen, kontinuierlichen, fliessenden Bewegungsraum, als ein Gewirr von Kommunikationsströmen. Umspült von Raum und Information, bewegt sich der moderne Mensch in einem gesättigten Medium – wie einst seine Vorfahren in dem von Leben brodelnden Wasser, dem sie schliesslich entstiegen sind.

Anfang Dezember letzten Jahres kam nach einer Tournee durch verschiedene europäische Städte in Paris die Inszenierung «Woyzeck», nach Georg Büchner, unter der Regie Robert Wilsons, mit Musik und Texten von Tom Waits und Kathleen Brennan in Kopenhagen zur Aufführung.[1] Wie bei den meisten Wilson-Aufführungen teilte sich die Kritik in euphorische Lobeshymnen und vernichtende Verrisse. Eine genauere Betrachtung der Inszenierung mittels der drei Kategorien Zeit – Raum – Text soll über gängige Stereotypisierungen hinweg den Ansatz zu einer Analyse des Wilson'schen Musiktheaters liefern.

Von der Beschleunigung der Zeit

Gedanken zu Robert Wilsons «Woyzeck»-Inszenierung Stephanie Dieckvoss

In Wilsons frühen Stücken und Inszenierungen scheint die Zeit manchmal stillzustehen. Die Aufführungen dauern, erlauben die Ausdehnung von Szenen zu einer teilweise quälenden Länge. Langsamkeit – das Festfrieren von zögerlichen Bewegungen in fast stehenden Bildern – wurde zu einem charakteristischen Movens seiner Arbeiten. Ivan Nagel fasst diese Qualität Wilsons treffend zusammen: «Die geheime Moral des Märchens gilt aber für alle Spektakel Wilsons: Es lohnt sich nicht zu eilen. Jene äusserste mögliche Geschwindigkeit im Weltall lehrt: Verlangsamung bis zum Stillstand.»[2] Scheint es, als hätte somit die Zeit ihre Bedeutung als strukturierendes Element verloren, bestimmt sie vielmehr den Ablauf des *Woyzeck*. Alles und jeder rennt, wirbelt, tanzt und hetzt in dieser jüngsten Produktion. Ganz im Sinne Büchners wird nicht nur Woyzeck, sondern auch der Zuschauer von Szene zu Szene gejagt. Wenn der Hauptmann, Woyzecks Vorgesetzter und der langsame Gegenspieler des eilig einherschreitenden Doktors, Woyzeck belehrt: «He, Woyzeck, was hetzt er sich so an uns vorbei. Bleib er doch, Woyzeck!», schildert er nicht nur dessen charakteristischste Eigenart, sondern gibt noch im gleichen Atemzug eine Vorschau auf das Schicksal dieses vom Leben gehetzten Menschen: «Er läuft ja wie ein offenes Rasiermesser durch die Welt, man schneid't sich an ihm; Er läuft…»[3] Wilson verbildlicht diese Symbolik eindrücklich, indem Woyzeck den Hauptmann rasiert, während er unter einem Galgen zu stehen scheint (Abb. 3). Der Regisseur nimmt Büchners Text beim Wort und übersetzt ihn in Bilder und Töne: Der bleiche, in Weiss gekleidete, gleichsam farblose Woyzeck läuft, ohne jedoch im übertragenen Sinne von der Stelle zu kommen, ein permanenter Marathon, der nicht nur dem Darsteller, sondern auch dem Zuschauer die Schweissperlen auf die Stirne treibt, während sein gehetzter Atem stakkatoartig, in seiner Lautstärke vervielfacht, in den Bühnenraum geschlagen wird. Durch die ständige Beschleunigung der Szenen können diese keinen gebührenden Raum entwickeln. Wilson, der selbst sagt, wie wichtig es ihm ist, dem Publikum Zeit und Raum zum Denken zu gewähren[4], nimmt hier dem Zuschauer den Freiraum des Reflektierens oder auch Fantasierens. Mit der veränderten Zeitauffassung verändert Wilson auch die Körperlichkeit seiner Akteure. Ging es ihm vormals um die Bewusstmachung der einzelnen Geste auch in Stilisierungen, verlieren die ruckartig expressiv artifiziellen Zuckungen seiner Protagonisten im *Woyzeck* – Klimax ist die Verdoppelung der Figur des Doktors, der nun als siamesischer Zwilling gleich zweifach über die Bühne hoppeln muss – ihre Suggestionskraft. Natürlich kann man diese Marionettenhaftigkeit der Darsteller, die wie aufgezogene Spielzeugautomaten über die Bühne marschieren, inhaltlich begründen, zeigt doch Büchner gerade die Unmöglichkeit der freien Entscheidungsfähigkeit des Menschen, der in seinem Schicksal und seinen Trieben gefangen ist: wie eine Puppe ohne eigenen Willen. Doch kann das mit viel Getöse begonnene Spektakel sich nicht mehr steigern und treibt den Besucher von Szene zu Szene, bis er am Ende erschöpft zurücksinkt.

Minimalismus und Expressivität

Robert Wilson studierte Architektur – Innenarchitektur. Schon daraus kann man schliessen, dass ihm Räume wichtig sind. Architektur bedeutet für ihn jedoch am allerwenigsten gebaute Architektur. Von abstrakten Räumen spricht er, die sich nicht durch gebaute, sondern durch visuelle Architektur strukturieren. Meist baut er Räume aus Licht und aus Farbe. «Geistige» und «virtuelle» Räume, wie er sie selbst nennt. Diese entstammen für ihn weder dem Theater noch dem Musical, sondern dem Ballett.[5] Lichtstrahlen bauen Lichträume und besiegen nach Nagel die messbare Zeit als auch den messbaren Raum.[6] Die volle Entfaltung dieser abstrakten Räume gelingt Wilson am besten in der Kombination mit ebenso abstrakten Klangräumen, wie es ihm zum Beispiel in der Zusammenarbeit mit dem Komponisten Philip Glass gelang. Schon der oben betonte Einfluss des Balletts auf seine Arbeit zeigt sein Interesse an Bildern und nicht an Texten. In der Konzentration auf abstrakte Licht- und Klangräume, in denen die Schauspieler auf der Bühne Teil des textlosen Raumes werden, können sich Wilsons Räume entwickeln, Luft gewinnen, und sich somit im Kontinuum der Zeit entfalten. In der mit nur sparsamem Text versehenen Oper *White Raven*, geschaffen von Wilson und Glass für die Expo '98 in Lissabon im Auftrag der portugiesischen Regierung, einer Hommage an den Entdeckergeist durch Zeiten und Jahrhunderte, gibt es eine Szene (Akt 3, Szene 2), in der ein Boot von rechts nach links über die Bühne gleitet, vor einem Hintergrund aus

1 Waldsaum am Teich mit Marie und Woyzeck: der Mord
(Fotos: Erik Hansen/ The Ocular One)

blauem Licht in verschiedenen Abstufungen. In dem Boot sitzen ein alter Mann und ein kleiner Junge. Langsam und mühelos ziehen sie über die Bühne, gleiten lautlos durch Raum und Zeit. Als hätten Raum wie auch Ort (wo kommen sie her, wo fahren sie hin?) und Zeit (wie lange dauert die Fahrt?) keine Bedeutung, konstituieren sie doch erst diese beiden Grundbedingungen des Theaters und werfen gleichzeitig wortlos die Grundfragen menschlicher Existenz auf. Bewegungslos sitzen die beiden Personen im Boot, als würden sie gleichsam vom Schicksal gezogen. Die Poesie vollzieht sich in völliger Lautlosigkeit. In dieser einfachen Bühnenanordnung gewinnt dann auch auf einmal der Wilson'sche Bühnenraum an Tiefe und wird zum Bedeutungsraum.

Wie begrenzt Wilson seine Räume? Im *Woyzeck* kann man von Raumbegrenzungen eigentlich nicht sprechen. Der Bühnenboden findet keine Begrenzung in einer Wand, einem gemalten Bühnenbild, das, selbst wenn es einen Ausblick gewährte, einen Abschluss für den Blick des Zuschauers bildete. Er verliert sich in den Licht- und Farbräumen, die je nach Dramatik der Handlung ihre Farbe wechseln. Vor diesem Nichthintergrund wirken selbst die spärlichen Kulissen wie Schablonen, als zweidimensionale Abziehbilder (Abb. 6). Mobile Bühnenbilder lassen sich leicht verschieben und entfernen. Aus den Fugen geratene Fenster zum Beispiel, die im Raum hängen, haben keine inhaltliche oder dramaturgische Funktion mehr. Daraus besteht der viel gepriesene Minimalismus der Wilson'schen Bühnenräume, der zu seinem stilprägenden Element wurde. Überhaupt wirken die Räume oft flächig, Folien, vor denen «tableaux vivants» spielen. Die spotartige Beleuchtung und die daraus entstehenden scharfen Licht-Schatten-Kontraste nehmen den Darstellern die Räumlichkeit ihrer Körper. Wichtiger als die Requisite ist auch hier die Beleuchtung, die Wilson perfekt steuert, um immer die der Handlung entsprechende farbsymbolische Untermalung zu schaffen. Diese führt dann zu einem blutroten Mond, der über der Mordszene aufsteigt, während der Rest der Bühne im Todschwarz untergeht und nur das übergrosse Mordinstrument im Lichtspot hervorblitzt (Abb. 1). In den subtileren Szenen vermag er mit dieser Technik offene Hintergründe zu schaffen, die in ihrer Schönheit beinahe sublim wirken. Ihre Bildlichkeit verweist auf die bildende Kunst, auf die abstrakt-minimalistischen Arbeiten eines James Turrell, Elsworth Kelly oder Mark Rothko. Neben dem Minimalismus jedoch huldigt Wilsons *Woyzeck* dem bildnerischen Expressionismus: Das Eingangsbühnenbild – das einzige Bühnenbild, das wie ein Vorhang den Bühnenraum wirklich begrenzt – erinnert an eine Mischung aus einer Parisansicht von Delaunay und einer Meidner'schen Grossstadtapokalypse. Leuchtende Primärfarben, die auch in den Kostümen und atmosphärischen Farbräumen wieder auftauchen, bilden grelle Farbtupfer, wie zum Beispiel auch im roten Kleid Marias. Die aus dem Lot gebrachten Fensterrahmen können den Bildfindungen eines Ernst Ludwig Kirchner entsprungen sein. Von diesen Einzelbildern ist es nicht weit zum expressionistischen Stummfilm, dem Wilson einen Grossteil seiner Bildideen verdankt. Der meist aus schwarz-weissen Kulissen bestehende Bühnenraum (Abb. 2), die kontrastreiche Beleuchtung, die jedes Requisit symbolträchtig mit starrem Licht anstrahlt, finden sich hier wie dort ebenso wie die ruckhaften und übertriebenen Gesten der Darsteller oder die Überdimensioniertheit einzelner Requisiten (Abb. 5).[7]

Form und Inhalt

Das dem Bild verpflichtete Theater von Wilson setzt in seinen besten Stücken auch das Wort als Ton und somit als abstraktes Element ein. Text verstanden als sinnhafte Erzählung nimmt Wilson zu viel künstlerische Freiheit, müsste er sich doch dann mehr als Interpret denn als freier Künstler sehen. Lässt auf den ersten Blick Büchners *Woyzeck*, ein ungeordnetes Dramenfragment, dem Regisseur grosse Freiheiten szenischer Interpretation, so zwingt der klare und prägnante Text zu einer präzisen Arbeit. Dieser Anspruch muss entgegengesetzt sein zu einem Theater, das seine formale Ästhetik über inhaltliche Aussagen stellt. Ungewöhnlich kritisch bemerkt das auch Franco Quadri: «… [so] sind die Motivationen Wilsons völlig widersprüchlich, da sie ja von der Ablehnung der Psychologie und jeglicher Anschaulichkeit diktiert sind; daher weist er in seiner Arbeit immer wieder diejenigen Texte zurück, die nicht seine eigenen sind und die ihm also einen Inhalt aufzwingen könnten, der sich von der Form unterscheidet.»[8] Büchners *Woyzeck* kann jedoch nicht auf Form beschränkt werden. Kann man sich zwar der Faszination durch die Schönheit und den Perfektionismus des Wilson'schen «Spek-

2 Mariens Kammer: Marie mit ihrem Kind

3 Zimmer: Hauptmann auf einem Stuhl, Woyzeck rasiert ihn

4 Jahrmarktszene mit Tanz, Woyzeck im Vordergrund

5 Feld: Woyzeck und Andres schneiden Stecken

6 Woyzeck und Andres

takels» nicht entziehen, so stellt sich doch die Frage, ob die angewendeten Mittel – und nur um solche handelt es sich, wie meisterhaft auch mit ihnen umgegangen wird – der Thematik des Stückes zugute kommen und seine Aussage stützen.

Prinzip Simplifizierung
Man kann Wilson zugute halten, dass er die Büchner'sche Vorlage enthistorisiert und in eine zeitgemässe Bildsprache umsetzt. Kostüme und Bühnenbilder entsprechen gängiger Ästhetik und gängigem Design, die jeder Zuschauer wiederzuerkennen vermag. Maria wird im Lied von Tom Waits zu einem «Coney Island Girl», das vor den Toren New Yorks lebt; wobei auch Coney Island seine Blütezeit schon lange hinter sich gelassen hat. Darüber hinaus jedoch vermag Wilson es nicht, die inhaltliche Komplexität der Büchnerschen Vorlage umzusetzen. Schauen wir uns nur die wichtigsten Punkte der Textvorlage an: Während Büchner keiner Figur in seinem Stück eine moralhafte Schuldigkeit zuschreibt, sondern deren Gebundenheit in ihr jeweiliges Schicksal beschreibt – der Doktor ist der Wissenschaft verpflichtet, Marie sucht ein wenig Glück in Form von Ohrringen, Woyzeck wird das Opfer seiner Liebe, der Hauptmann ist Melancholiker –, so unterstellt Wilson seinen Protagonisten Schlechtigkeit als Grundmotivation menschlichen Handelns. In einem Refrain heisst es: «If there's one thing you can say about mankind, there is nothing kind about man.» Solche Vereinfachungen haben mit dem Büchner'schen Text nichts zu tun. Dem Team Waits/Wilson geht es neben der Inszenierung einer tragischen Liebesgeschichte um die Schlechtigkeit der Welt, die sich in dieser Geschichte widerspiegelt. Empfindet man bei Büchner Mitleid mit dem Menschen, verabscheut man ihn bei Wilson. Büchners Stück entstand vor aktuellem Hintergrund, dem wahren Fall des Woyzeck, der seine Geliebte aus Eifersucht umbrachte, aber erst vier Jahre später zum Tode verurteilt wurde, da man über seine Verantwortlichkeit für den von ihm begangenen Mord stritt. Ist der Mensch selbst verantwortlich in seinem Tun? Die existenzielle Grundproblematik der Frage scheint Wilson nicht zu interessieren. Viel einfacher ist es zu simplifizieren, die ewige Frage nach dem Gut und Böse, nach Gott und Teufel, wie sie im Text von Waits/Brennan auftaucht, zu stellen, wenn bereits im eingängigen Eingangslied nicht nur der Fluss des Lebens als Trauerspiel beschrieben

5

6

wird, sondern darüber hinaus die Antithese Gott–Teufel evoziert wird. «God builds a church, the devil builds a chapel.» Büchner geht weit über unseren Zeitgenossen Wilson hinaus, die Frage nach Gut und Böse existiert in der Form nicht mehr, Gott und Teufel werden von der Wissenschaft abgelöst, da der Erkenntnisdrang scheinbar ausserhalb moralischer Instanzen steht, aber erst durch die Befreiung von Moralität den freien Blick und das freie Urteilsvermögen wieder einklagt.

Am Beginn von Wilsons Inszenierung steht ein Karussell. Das Stück selbst beginnt und endet mit einem Song, dessen Refrain schnell zum Ohrwurm wird: «Misery's the River of the World. Misery's the River of the World. Everybody rows. Everybody rows.» Zum Glück dreht sich nur das Stück im Kreis. Und man könnte wiederum zu Büchner zurückkehren, der sein Lustpiel *Leonce und Lena* folgendermassen enden lässt: «Wir lassen alle Uhren zerschlagen, alle Kalender verbieten und zählen Stunden und Monden nur nach der Blumenuhr, nach Blüte und Frucht.»[9] Zeit ist relativ, und so warten auch wir auf einen Wilson, der sich diese wieder einmal in Ruhe nimmt und keine Spektakel schafft, sondern Blüten, die den Zuschauer wieder träumen und hoffen lassen.

Autorin
Stephanie Dieckvoss ist Kunsthistorikerin; sie lebt und arbeitet zur Zeit in Paris

Anmerkungen

1 Uraufführung in Kopenhagen, November 2000. Text dänisch, Lieder in Englisch. Licht und Szenografie: Robert Wilson.
2 Ivan Nagel: «Das Kind als Magier. Skizzen für ein Porträt», in: Benjamin Henrichs, Ivan Nagel (Hg.): *Liebe! Liebe! Liebe! ist die Seele des Genies. Vier Regisseure des Welttheaters*, München/Wien 1996, S. 202–213, hier S. 212.
3 Georg Büchner, *Woyzeck. Ein Fragment* und *Leonce und Lena*, hr. v. Otto C. A. zur Nedden, Stuttgart, 1986, S. 15.
4 Siehe Franco Quadri, «Das Leben und die Zeit von Robert Wilson», in: Franco Bertoni, Franco Quadri, Robert Stearns, *Robert Wilson*, Stuttgart, 2. Aufl. 1998, S. 9–64, hier S. 11.
5 Siehe Robert Wilson: «… the difficulty is to place the face with the voice.» Conversation with Robert Wilson and Marlene Dietrich, in: Akademie der Künste (Hg.), *Raum und Körper in den Künsten der Nachkriegszeit,* Amsterdam, Dresden 1998, S. 279–290, hier S. 279.
6 a.a.O., S. 211. Zum Theaterraum siehe auch: Michael Glasmeier: «Erschöpfte Räume. Samuel Beckett und andere Künstler», in: Akademie der Künste (Hg.), *Raum und Körper in den Künsten der Nachkriegszeit,* Amsterdam, Dresden 1998, S. 246–260.
7 Dieses Interesse des Regisseurs wird konsequent weiterverfolgt in der Aufführung und Adaption von Robert Wienes Stummfilm-klassiker *Das Cabinet des Dr. Caligari*, das derzeitig am Deutschen Theater in Berlin seine umstrittene Uraufführung feiert.
8 Quadri, a.a.O., S. 34.
9 Büchner, a.a.O., S. 61.

In seiner Trilogie «Danse et Architecture» erkundet der Choreograf Frédéric Flamand, Leiter der belgischen Compagnie Charleroi/Danses – Plan.K, in Zusammenarbeit mit multidisziplinär agierenden Architekten neue Möglichkeiten, Raum und Perspektive im modernen Tanztheater zu generieren. Nach Diller+Scofidio und Zaha Hadid hat nun Jean Nouvel für die Produktion «Body/Work/Leisure» eine Szenografie geschaffen, die mit virtuellen und reellen Bildern komplexe Phänomene wie Transparenz, Reflexion und Raumtiefe thematisiert.

Tanz und Traum

Jean Nouvel und Frédéric Flamand im Gespräch mit Judit Solt

Texte français pp. 58–61

Jean Nouvel, bei «Body/Work/Leisure» handelt es sich nicht um Ihre erste Szenografie für Frédéric Flamand. Wie ist es zu dieser Zusammenarbeit gekommen?
Für die Expo 2000 in Hannover haben wir gemeinsam eine Performance zur Zukunft der Arbeit realisiert. Ich wollte diesem abstrakten, technokratischen Thema eine etwas menschlichere Dimension verleihen und schlug ein Dispositiv vor, das umgekehrt funktioniert wie das Théâtre du Globe, wo die Schauspieler in der Mitte des Saales auftreten und das Publikum rundherum platziert ist: In Hannover befand sich das Publikum in einer Arena, in die man über eine Rampe gelangte, und die Schauspieler auf einer Art Gerüst am Rand. Frédéric musste sehr vielen Randbedingungen gerecht werden und grosse Einschränkungen hinnehmen; es gab bestimmte Themen zu berücksichtigen, die mit den Sponsoren der Veranstaltung zusammenhingen. Trotz allem fand er, dass dieses System ein gewisses Potenzial hatte, und sagte: «Versuchen wir, diese Geschichte noch ein Jahr weiterzuführen.» Diesmal aber mit viel mehr gestalterischer Freiheit: Dies hat 2001 zur Produktion von *Body/Work/Leisure* geführt.

Was reizte Sie an der Arbeit als Bühnenbildner?
Besonders interessiert hat mich bei diesem Projekt der Zusammenhang zwischen einer bestimmten Art von Raum und der Bewegung des Tänzers. Dieser befindet sich nicht auf einer Ebene, sondern wirklich innerhalb eines Raumes, eines richtigen Gebäudes, und er muss auf eine Architektur reagieren, anstatt sich in einem leeren Raum zu bewegen. Der Tänzer ist mit einem Widerstand konfrontiert, mit einem organisierten Gebilde, und das zwingt ihn, Beziehungen herzustellen und zu komponieren.

In der Mehrzahl der Tanzveranstaltungen, die ich gesehen habe, agierten die Tänzer einfach *auf* der Bühne – und die war leer, oder so gut wie leer. Hier befinden sie sich *in* einem Ort, auch wenn dieser vielleicht ein wenig virtuell anmutet. Sie müssen sich mit einer räumlichen Topologie, mit einer Topografie auseinander setzen, und ich glaube, daraus ist auch tänzerisch etwas entstanden.

Ausserdem findet man in diesem Projekt eine ganze Reihe meiner Obsessionen: das Spiel mit der Raumtiefe, die Transparenz, die Spiegelungen, die Projektionen, die Täuschungen und Schatten, das Virtuelle und das Reelle… und das Phänomen Licht, natürlich.

Eine Szenografie ist anderen Randbedingungen unterworfen als ein Gebäude. Gibt es architektonische Themen, die Sie in diesem Bühnenbild vertiefen konnten?
Ich weiss nicht, ob ich wirklich mehr ins Detail gehen konnte, aber vielleicht hat mir diese Arbeit die Verwendung eines unmittelbareren Vokabulars erlaubt. Auch bei Ausstellungen ist eine solche Arbeitsweise möglich, aber nicht in dieser Präzision.

Inwiefern haben sich Choreografie und Szenografie gegenseitig beeinflusst?
Am Anfang ging es darum, ein Konzept zu definieren. Wir haben die Materialien ausgewählt, über allgemeine Prinzipien diskutiert; dann hat Frédéric seine Choreografie diesen neuen Voraussetzungen angepasst. Unser Konzept existiert in zwei Varianten: einer frontalen, wo das Publikum einer einzigen Bühne gegenübersitzt, und einer halbfrontalen, wo das Publikum in der Mitte steht und sich frei zwischen zwei Bühnen hin und her bewegen kann. Nachdem wir diese zwei Systeme entwickelt hatten, ging es an die Realisierung. Man musste überprüfen, ob die Systeme funktionierten.

Und natürlich war es eine Zusammenarbeit: Ich musste verstehen, was sich Frédéric wünschte und was er wirklich ausführen konnte. Für Tänzer gibt es ja spezifische technische Voraussetzungen: Die Bühne muss eine bestimmte minimale Länge und Breite aufweisen, der Boden darf nicht allzu sehr rutschen… Die anschliessende Arbeit gestaltete sich ähnlich wie für ein gewöhnliches Gebäude. Die Architektur ist immer ein Ergebnis von Rahmenbedingungen, wobei diese bei einer Szenografie weniger gravierende Einschränkungen bedeuten als bei einem Gebäude.

Eine Produktion über die Welt der Arbeit weist stets eine symbolische Dimension auf. Mir schwebte eine sehr elementare Architektur vor. Nun besteht sie aus Lagergerüsten, und das führt zu einer gewissen Mehrdeutigkeit. Ich wollte, dass das Bühnenbild nicht auf Anhieb als solches erkennbar ist; wenn man den Saal betritt, weiss man nicht gleich, was da eigentlich herumsteht und ob es nicht schon immer da war.

Was verstehen Sie unter einer guten Szenografie? Sind Sie mit dieser zufrieden?
Ich bin sehr zufrieden. Und ich bin der Meinung, dass ein guter Bühnenbildner jemand ist, der dem Regisseur bestimmte Elemente zur Verfügung stellt, die mit dessen allgemeinem Gestaltungswillen in Einklang stehen.

In diesem Fall höre ich zu – genauso, wie ich einem Bauherrn zuhören würde. Ich versuche, ihn zu verstehen. Der Regisseur kommt zu mir, weil er sich für bestimmte Prinzipien interessiert; anschliessend versuchen wir, gemeinsam etwas zu entwickeln, das realistisch ist und es vielleicht auch ermöglicht, neue Möglichkeiten zu entdecken. Im Fall von *Body/Work/Leisure* handelte es sich um Themen wie die Raumtiefe oder darum, dass der Zuschauer nicht geführt wird, dass er ein wenig verloren ist... Diese Begriffe haben im Rahmen des Tanzes sehr spezifische Bedeutungen.

Ich habe sehr gern an diesem Projekt teilgenommen. Das Ergebnis konnte, im Vergleich zu Hannover, vertieft werden. Dort war unser Konzept dynamischer, aber die Freiheit, die wir hier genossen haben, fehlte uns wegen der Einschränkungen, die uns zugunsten der zu vermittelnden Botschaften auferlegt worden waren.

Sie arbeiten nicht zum ersten Mal mit einem Choreografen zusammen: Vor fünf Jahren haben Sie die Szenografie für ein Ballett entworfen, welches Bernd Roger Bienert im Rahmen des Zyklus «Architektur im Bühnenraum» am Zürcher Opernhaus gestaltet hatte.
Auch diese Arbeit basierte auf einem sehr reizvollen System; es handelte sich um ein klassisches Ballett zur *Moldau* von Friedrich Smetana, und die Bühne war eine Ebene. Ich habe die Tänzer zu einem orthonormierten System in Referenz gesetzt: Verschiedene Raster bewirkten, dass sie sich gleichsam auf einem Hintergrund aus Millimeterpapier bewegten, oder zwischen zwei oder drei Papieren, oder im Gegenlicht. Ich spielte mit den Beziehungen zwischen der sinnlichen Gegenwart des Tänzers und einem allgemeinen Raumbewusstsein, mit der Spannung zwischen dem lebendigen Körper und einer abstrakten Raumauffassung. Das Ganze hatte einen ausgesprochen mathematischen Aspekt und war vollkommen anders als die Arbeit mit Frédéric.

Frédéric Flamand, in Ihrer langjährigen Zusammenarbeit mit Architekten suchen Sie Interfaces zwischen dem Tanz, dem Bereich des Audiovisuellen und der Architektur. Woher kommt dieses nachhaltige Interesse für die Architektur?
Vor vielen Jahren haben wir Performances in unerwarteten Orten aufgeführt, ausserhalb der traditionellen Institutionen. Nachdem wir in den USA die amerikanische Avantgarde und die Künstlerlofts kennen gelernt hatten, haben wir uns in Brüssel in einer verlassenen Zuckerraffinerie eingenistet – 4000 Quadratmeter und 24 Räume, ein wahres Labyrinth – und dort ein Multi-Media-Center eingerichtet. Künstler verwalteten das Gebäude, andere kamen aus aller Welt, um hier zu arbeiten oder um aufzutreten: Videokünstler, Tänzer, alle amerikanischen Künstler auf der Durchreise – Bob Wilson, Charlemagne Palestine, Rockmusiker, das Cabaret Voltaire... Gleichzeitig arbeitete ich mit meiner kleinen Truppe weiter; ich schaute den Künstlern verschiedener Gattungen zu, bis ich Lust bekam, gemeinsam mit ihnen multidisziplinäre Projekte zu verwirklichen. Dabei war die Architektur immer präsent: Das Gebäude war so speziell! Später wollte ich mit Architekten zusammenarbeiten – Orte eigens für meine Produktionen entwerfen, Räume für ganz spezifische Projekte strukturieren.

Mit Diller+Scofidio haben Sie 1996 «Moving Target», zwei Jahre später «EJM1-Muybridge» und «EJM2-Marey» realisiert. «Metapolis» entstand 2000 in Zusammenarbeit mit Zaha Hadid, «Body/Work/Leisure» 2001 mit Jean Nouvel. Warum gerade diese Architekten?
Ich hatte einen Text von Diller+Scofidio gelesen, in dem sie sagten, Architektur sei für sie alles, was zwischen der Haut eines Menschen und der Haut eines anderen Menschen geschehe. Für jemanden, der mit Tänzern arbeitet, ist das eine wundervolle Definition der Architektur! Sie sind keine gewöhnlichen Architekten, sie sind empfänglich für künstlerische und sprachliche Übertragungen. Jean Nouvel im Übrigen auch; er sagt selbst: «Wenn man mir sagt, etwas sei gar keine Architektur, wird es erst interessant.» Diese kleinen Sätze bedeuten sehr viel. Die Architekten, mit denen ich zusammengearbeitet habe, versuchen alle, aus dem engen Rahmen ihrer Disziplin auszubrechen. Seit zwanzig Jahren sind alle unsere Performances hybrid; wir versuchen, einer genauen Definition zu entgehen. Was uns interessiert, ist die Utopie einer neuen Aufführungsform.

Im Zusammenhang mit Ihrer Arbeit mit Zaha Hadid haben Sie geschrieben, Sie hätten in den Skizzen der Architektin die Dynamik und den Fluss wiedererkannt, die den Kern Ihrer Überlegungen zur Bewegung der Tänzer bilden.
Zahas Skizzenhefte haben mich lange vor ihrer Architektur fasziniert. Zaha ist wie ein Medium: Sie macht ihre kleinen Zeichnungen, die wie arabische Kalligrafie aussehen oder eben wie choreografische Skizzen. Ich zeichne auch – nichts Präzises, Cartesianisches, sondern grobe choreografische Impulse. Was mich bei Zahas Arbeiten besonders interessiert, ist die Explosion der Perspektive. Auch wenn ich in konventionellen Theatern arbeite, versuche ich, den optischen Rahmen zu sprengen. Das Ziel unserer gemeinsamen Arbeit war es, nicht nur die Tänzer, sondern auch den Raum zum Tanzen zu bringen. Natürlich hätte man mit Zaha eine Oper realisieren können, mit einer sündhaft teuren Szenografie: Sie hat einen Hang zum Barocken. Aber es ging darum, ihre Welt ohne schweres Bühnenbild einzufangen. Als Tanzkompagnie reisen wir viel und müssen beweglich bleiben.

Wir hatten früher viel mit der *blue screen*-Technik gearbeitet, die bei der Produktion von Fernsehsendungen angewendet wird. Ich habe Zaha gebeten, Kostüme zu entwerfen, die als *blue screen* fungierten. Kameras filmten den Tänzer, der ein solches Kleid trug, und ein Videoprojektor projizierte das Bild live auf den Hintergrund der Bühne; in diese riesige Form konnte man ein anderes, von uns ausgewähltes Bild mischen, etwa ein Stadtbild. Auf diese Weise befand sich die Stadt im Rahmen des Körpers; der Körper hatte über die Vermittlung des Kleides einen Austausch mit ihr. Die Stadt wurde körperlich, der Körper urban.

Weiter hat Zaha drei Brücken konstruiert, wundervolle Objekte, die ebenfalls leicht blau eingefärbt waren und als *blue screen* dienten. Die gebrochene Form der Brücken fand sich als Projektion im Hintergrund wieder, kombiniert mit bewegten Bildern, die die Perspektive völlig veränderten. Durch das Zusammenspiel von virtuellen und reellen Bildern generierten wir einen hybriden Raum, der sich zugleich ausdehnte und komprimierte. Der idealen, permanenten und monolithischen Form des klassischen Raumes wollten wir ein unstabiles und transitorisches Gebilde entgegensetzen.

In welchem Verhältnis stehen Choreografie und Szenografie? Was macht eine gute Szenografie aus?
Choreografie und Szenografie sollten keine Collage bilden, und sei diese noch so gelungen; das interessiert mich genauso wenig wie das Totale Theater, wo sich jeder unabhängig vom anderen profilieren möchte. Ich suche im Gegenteil Synergien – dass jeder etwas beiträgt, um ein neues, hybrides Gebilde zu kreieren. Das ist Integrationsarbeit, nicht formal, sondern inhaltlich: Eine gute Szenografie fügt sich auf der Ebene des Sinns vollständig in die Produktion ein. Dabei kann es sich um eine provokative, ja konfliktreiche Begegnung handeln – die Arbeit mit Jean war nicht immer einfach: Sein Bühnenbild überwuchert die ganze Bühne. Es handelt sich um eine starke architektonische Geste, die den Tänzern eine bestimmte Art der Bewegung aufzwingt. Doch beim Versuch, auf diese Einschränkungen zu reagieren, entdeckten wir überraschende Dinge. In einem Raum, der so stark strukturiert ist, tanzt man eben anders als auf einer leeren Bühne!

Hat die von Jean Nouvel für «Body/Work/Leisure» zur Verfügung gestellte Struktur die Entwicklung der Choreografie beeinflusst?
Was die Ausarbeitung der Details betrifft, bestimmt. Aber in erster Linie ging es darum, über den Inhalt, den Sinn der Arbeit zu diskutieren. Jean hat keine fertige Struktur geliefert: Wir sind von einem Prinzip ausgegangen.

Dieses Bühnenbild hat nicht viel gekostet – es besteht aus Industriegestellen. Das war der erste Schritt: ein 18 Tonnen schweres Bühnenbild. Der zweite Schritt war paradox: Wie bringt man es wieder zum Verschwinden? Wie kann man es, je nach Bedarf, durchsichtig oder sehr präsent erscheinen lassen – oder als ein wunderbares japanisches Universum mit einer komplexen Raumtiefe?

Natürlich diskutieren wir viel auf der konzeptuellen Ebene; aber in diesen Aufführungen gibt es auch immer viel Handwerk, um nicht zu sagen Bastelarbeit. Der Ausdruck ist ein wenig abschreckend, aber Zufälle können poetisch sein. Und auf der anderen Seite gibt es keinen Zufall: Die unerwarteten Dinge stellen sich ein, wenn man in obsessiver Weise an einigen Möglichkeiten feilt.

Wie läuft die Zusammenarbeit mit den Szenografen ab?
Meine Zusammenarbeit mit Jean Nouvel begann, wie gesagt, an der Expo 2000 in Hannover; das Thema der Zukunft der Arbeit ist uns auferlegt worden. Wir haben viel über den Sinn dieser Produktion nachgedacht, bevor wir anfingen, darüber zu diskutieren, was wir machen wollten. Man spricht viel über die Arbeit, aber was kann man wirklich dazu sagen? Schliesslich zeigten wir unterschiedliche, gegensätzliche Arbeitssituationen, die sich auch in *Body/Work/Leisure* wiederfinden – Bilder aus dem Büroalltag oder Frauen in einem afrikanischen Dorf. Eine Zukunftstheorie zu präsentieren, wäre anmassend. Als Tänzer haben wir vom menschlichen Körper gesprochen – und von dieser Konfrontation zwischen ihm und den neuen Technologien, die meiner Meinung nach die grosse Frage des 21. Jahrhunderts darstellt.

Sie thematisieren den veränderten Stellenwert des menschlichen Körpers im Zeitalter der technischen, industriellen und digitalen Revolutionen.
Der menschliche Körper mutiert. Er wird allmählich durch Prothesen ersetzt, durch Programme und Bilder, die wichtiger werden als die Realität. Wir leben in einer Welt der Prothesen, von denen das Internet die wichtigste ist: Es stellt zugleich eine Stadt und eine Traumprothese dar. Es hat lange gedauert, bis wir so weit gekommen sind, aber der alte Traum der Allgegenwart ist erfüllt – fast die ganze Welt kann kommunizieren.

Ich bin weder technophob noch technophil. Ich suche eine Spannung: Wie kann man Vorgaben überwinden, im künstlerischen und in anderen Bereichen? Zwanzig Jahrhunderte haben wir gebraucht, um die heutige Situation vorzubereiten; wie sollen wir mit all unseren Maschinen leben? Die neuen Technologien eröffnen fabelhafte Möglichkeiten, es gibt ein ganzes Universum zu erkunden; die Cyberkultur ist 25 Jahre alt, aber wir sind wie die Entdeckungsreisenden des 15. Jahrhunderts, die sich mit ungenauen Karten auf die Meere wagen. Wir haben keine Ahnung, wo wir landen werden.

Unübersehbar ist hingegen die kontinuierliche Neuformung des menschlichen Körpers. Er wurde der Arbeitswelt und ihren neuen Theorien, dem Taylorismus und Fordismus, angepasst; um dieses Thema drehten sich zwei unserer Projekte mit Diller+Scofidio, *EJM1-Muybridge* und *EJM2-Marey*. Ich glaube, dass wir es nun mit einer neuen Utopie des Körpers zu tun haben; nicht im Bereich der Arbeit, sondern der Kontrolle; letztlich geht es immer um Kontrolle, Michel Foucault hat es auf den Punkt gebracht. Der Körper wird mittels plastischer Chirurgie und Doping neuen Schönheits- und Fitnessidealen angepasst. Unser Alltag ist pervers. Deshalb wollten wir diese Frage nach dem menschlichen Körper in der heutigen Welt vertiefen – und der Tanz eignet sich wunderbar dazu, Tänzer studieren ihren Körper acht Stunden täglich.

1–4 Frédéric Flamand/Jean Nouvel: Body/Work/Leisure, Cie Charleroi/Danses – Plan.K, 2001

Der letzte Teil der Trilogie *Danse et Architecture* thematisiert moderne Formen von Arbeit und Freizeit als Ergebnis der digitalen Revolution und die damit verbundene Verwandlung des menschlichen Körpers. Ein Gebilde aus verfremdeten, metallischen Industriegestellen füllt die Bühne und gliedert sie horizontal und vertikal in ein System von Plattformen und schiefen Ebenen. Bewegliche, semitransparente Schirme, Spiegel, Videoprojektionen, Lichteffekte und die Kombination von reellen und virtuellen Bildern erzeugen eine komplexe, in kontinuierlicher Mutation befindliche Raumtiefe.

Konzeption, Choreografie: Frédéric Flamand; Szenografisches Konzept: Jean Nouvel; Szenografie: Jean Nouvel, Hubert Tonka; Künstlerischer Berater: Bernhard Degroote; Audiovisuelle Effekte: Ludovica Riccardi, Carlos da Ponte; Assistentin Choreografie: Cristina Dias; Musik: Jacques-Yves Ledocte, Boyan Vodenitcharov; Lichtkonzept: Nicolas Olivier, Frédéric Flamand; Technik: Gianni Brecco (Leitung), Anne Masset, Maurizio Pipitone, Ahmed Zaglhal, Luc Raymakers, Frédéric Barbier

(Fotos 1, 3–4: Pino Pipitone; Foto 2: Fabien de Cugnac)

Sie beschäftigen sich mit der Unterwerfung des menschlichen Körpers durch die moderne Disziplin – die Definition des Normalen und des Pathologischen, die Arbeit, die Stadtstruktur, die Technik und die neuen Medien. Welche Rolle spielt die Architektur dabei? In «Moving Target» und «Metapolis» wird der Mensch nicht durch räumliche Elemente eingeschränkt, sondern durch Tanzbarren, hohe Absätze und Zwangsjacken. Auch der Bühnenraum wird nicht durch raumbegrenzende Elemente gebildet, sondern durch Licht und Projektionen.

Die Kontrolle kann sehr subtil sein. Unsere Welt ist immer immaterieller, künstliche Realitäten gehören zu unserem Alltag. Wie weit kann man gehen, bis der Körper nur noch eine Information ist? Früher sprach man von hier und jetzt, aber wo bleibt der Körper, wenn man im Internet ist? Die zwischenmenschlichen Beziehungen verändern sich, der Mensch mutiert: Seit der Renaissance gab es Kriterien, die für Jahrhunderte Geltung hatten; in den letzten zwanzig, dreissig Jahren wurden diese Referenzen gründlich in Frage gestellt.

Trotz dieser Entmaterialisierung suchen Sie die Zusammenarbeit mit Architekten.

Diese Architekten sind auch Denker. Jean ist ein Philosoph; seine Bauten haben etwas Metaphysisches. Die Transparenz und die Auflösung der Realität beschäftigen ihn sowohl in seiner Architektur als auch in seinen theoretischen Texten – sehr schönen Texten, die nicht nur von Architektur handeln, sondern von der künstlerischen Schaffung im Allgemeinen. Im Übrigen weist Jean selbst auf den Zusammenhang zwischen seiner Arbeit und dem Film hin: Die Spiegelung, die Auflösung der Realität, der Filter und die Raumtiefe sind Themen, die in seiner Architektur stets präsent sind und die wir in unsere gemeinsame Produktion integriert haben. Entstanden ist eine Art riesiges Hologramm, das keine eindeutige Perspektive zulässt; der Zuschauer hat lediglich die Wahl zwischen impressionistischen Elementen, die wir ihm liefern.

Die Beziehungen zwischen Stadt und Bühnenbild haben Tradition. In der Renaissance wurde eine perspektivisch geordnete Stadt inszeniert, im Barock das Fantastische. Sie machen eine Art Synthese: Sie präsentieren städtische Räume, aber mit spektakulären technischen Effekten, die die vertraute Raumwahrnehmung in Frage stellen.

Das ist eine interessante Bemerkung. Wir haben immer gern ausserhalb des Rahmens gearbeitet, und wenn nicht, wollten wir ihn auflösen. In *Moving Target* hing ein Spiegel in einem 45-Grad-Winkel über der Bühne; da gab es Momente, in denen die Zuschauer nicht mehr die Tänzer, sondern deren Spiegelbild anschauten. In Realität lagen die Tänzer etwa flach auf dem Bühnenboden, aber da man sie dort kaum sah – vor allem in einem Saal *à l'italienne* –, schaute man eben in den Spiegel, und da schienen sie zu schweben. Die Schwerkraft war aufgehoben, der Traum jedes Tänzers wurde Realität! Es ist spannend, den Rahmen der Perspektive zu sprengen; sie ist eine sehr westliche Betrachtungsweise. Der Fernseher ist ja auch nichts anderes als das Quadrat der Perspektivisten: Die Realität ist gerahmt, kontrolliert, jedem wird das gleiche Bild vorgesetzt. Wir dagegen versuchen in unseren Produktionen, verschiedene Bilder und Perspektiven simultan zu zeigen.

Sie stellen die Stadt als einen Fluss von Bewegung, Energie und Kommunikation dar und weniger als ein räumlich definiertes Gebilde. In «Metapolis» eröffnen Filme und Projektionen bewegte Perspektiven, dynamische Ausdehnungen des Raumes. Die Atmosphäre dieser urbanen Räume mag poetisch sein, sie ist auch sehr bedrückend. Ist das der Eindruck, den moderne Städte in Ihnen hinterlassen?

Meine Sicht ist in erster Linie eine kritische. Ich glaube, es ist sinnvoll, gewisse Fragen aufzuwerfen und Ansprüche an den Alltag zu stellen. Schliesslich sind wir in erster Linie Bürger und nicht Konsumenten – zumindest hoffe ich das.

Sie sind nicht nur für die Choreografie Ihrer Produktionen verantwortlich, sondern auch für das Beleuchtungskonzept.

Das kann man nicht trennen. Das Licht generiert erst den Raum, strukturiert ihn, lässt die Körper in Erscheinung treten. In *Body/Work/Leisure* kommen noch die Raumtiefe und die filmischen Aspekte hinzu, natürlich auf die Anregung von Jean Nouvel hin. Wir sprachen davon, Filme auf Filter und auf die Tänzer zu projizieren, und während der Arbeit mit dem Licht stellten wir fest, dass diese Filter die Tänzer sowohl verbergen als auch enthüllen können – ein paradoxer und interessanter Effekt. Erscheinung, Verschwinden und Spiegelung sind Phänomene, die Jean beschäftigen, und sie entsprechen unserem fragmentierten, aufgelösten Universum mit seinen unscharfen Grenzen und Identitäten.

Sie sehen Ihre Arbeit als eine Archäologie der Modernität: Wie gewinnen Sie die nötige Distanz zur Gegenwart?

Das ist eine schwierige Frage. Zuerst beobachtet man. Dann kommt das Kreative. Ich glaube, dass ein kreativer Mensch dauernd kreativ ist, auch wenn er an etwas anderes denkt, wenn er etwa eine Spiegelung anschaut oder einen Passanten auf der Strasse oder einen Ast, der sich bewegt. Darum habe ich mich für die Schizophrenie interessiert; zwischen ihr und dem künstlerischen Schaffen besteht ein enger Zusammenhang. Das künstlerische Schaffen ist die Arbeit von jemandem, der Spuren findet und versucht, sie zusammenfügen. Der Künstler sammelt die Bruchteile eines explodierten Mosaiks, trifft eine Auswahl, legt unerwartete Elemente zueinander und kreiert etwas Neues. Die Distanz resultiert aus der Art und Weise, die Dinge zusammenzufügen und aus der Tatsache, dass die Arbeit sich zu einem anderen Zeitpunkt oder an einem anderen Ort anders entwickeln würde. Man könnte alle zehn Minuten ein neues Leben anfangen; das wäre eben verrückt, und in der Regel lässt man es bleiben, aber diese potenzielle Vielfalt macht das Leben so interessant. Der Künstler versucht, das Unmögliche einzufangen.

Übersetzung aus dem Französischen: Judit Solt

5

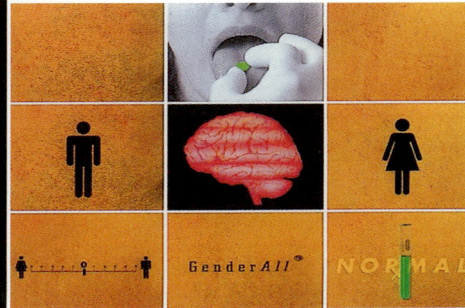

6

7 8 9

5+6 Frédéric Flamand/ Diller + Scofidio: Moving Target, Cie Charleroi/Danses – Plan.K, 1996

Die Performance bildet den ersten Teil von *Danse et Architecture* und handelt von der Unterwerfung des menschlichen Körpers unter die moderne Definition von Normalität. Die Schizophrenie der Kommunikation, der Geschwindigkeit und des Gedächtnisverlustes sowie die Vermischung von Schein und Realität bilden den Kernpunkt der Auseinandersetzung. Über der weitgehend leeren Bühne hängt in einem Winkel von 45 Grad ein Spiegel, der die Bewegungen der Tänzer verfremdet wiedergibt und die Schwerkraft aufzuheben scheint. Die Produktion wird gegliedert durch Texte von Vaclav Nijinski sowie durch fünf Werbespots, die Normalität bewirkende Medikamente anpreisen.

Konzeption, Choreografie: Frédéric Flamand; Szenografie, Dokumentation, Spots und Video: Diller+Scofidio; TextDance: Diller+Scofidio in Zusammenarbeit mit Douglas Cooper; Computergrafik: Matthew Bannister, James Gibbs; Texte: Vaclav Nijinski; Musik: Jean-Paul Dessy, Boyan Vodenitcharov

(Foto: Fabien de Cugnac)

7–9 Frédéric Flamand/ Zaha Hadid: Metapolis, Cie Charleroi/Danses – Plan.K, 2000

Inszeniert werden urbane Räume, die sich in ständiger dynamischer Veränderung befinden und die mit den herkömmlichen Begriffen von Raum, Bewegung und Perspektive nicht zu erfassen sind. Die technisch ausgefeilte Vermischung und Überlagerung von menschlichen Körpern, Stadtbildern und Projektionen schafft eine fluktuierende, fragmentierte Bilderwelt mit einer verwirrenden Simultaneität von Eindrücken, Perspektiven und Stimmungen.

Konzeption, Choreografie: Frédéric Flamand; Production Design: Zaha Hadid; Assistentin Choreografie: Cristina Dias; Musikkonzept: Jacques-Yves Ledocte; Video: Carlos da Ponte; Kamera live: Pino Pipitone; Lichtkonzept: Frédéric Flamand, Nicolas Olivier; Regie Video: Maurizio Pipitone; Technik: Gianni Brecco (Leitung), Giacomo Avampato, Frédéric Barbier, Anne Masset, Ahmed Zaglhal; Koordination: Bernhard Degroote, Caroline Dumont, Lisa Korsak

(Fotos 7–9: Pino Pipitone)

«Manyfacts» heisst das jüngste Stück des Scapino Ballet Rotterdam. Die experimentelle Truppe tanzt inmitten einer visuellen Installation des holländischen Architektenteams MVRDV. Doch angesichts der suggestiven Bildorgie wird die Bewegung von menschlichen Körpern zu einer obsoleten und stereotypen Liturgie aus längst vergangenen Zeiten. «Manyfacts» basiert auf einer «KM3» titulierten Studie von MVRDV über eine dreidimensionale Stadt in Form eines Würfels von einem Kilometer Seitenlänge.

Viele Fakten, noch mehr Bilder

MVRDV: «Manyfacts» für das Scapino Ballet in Rotterdam, 2001   Hubertus Adam

Haus steht neben Haus: hintereinander, nebeneinander. Endlos scheint sich das suburbane Patchwork zu erstrecken, dann werden die Wohnklötzchen von einem Sturm apokalyptischer Stärke aufgewirbelt – und fügen sich zu einer neuen Form, einem Würfel von einem Kilometer Seitenlänge. KM3 heisst diese von dem Architektenteam MVRDV mit Studenten des Berlage Instituut Rotterdam aus Daten berechnete Vision einer Stadt für eine Million Einwohner, welche neuerlich die Lieblingsthemen der niederländischen Avantgardisten variiert: Stapeln, Komprimieren, Verdichten. Holzmodelle dieser synthetischen Utopie waren schon im Frühjahr 2001 im Kulturzentrum «De Stroom» zu sehen, nun dient KM3 als Kulisse für die Tanztheateraufführung «Manyfacts – Life in the 3D City» des Scapino Ballet Rotterdam. Ed Wubbe, der seit neun Jahren als künstlerischer Leiter des renommierten Ensembles tätig ist, lud MVRDV zu einer Koproduktion ein.

Gerade in jüngster Zeit zeigen Architekten verstärktes Interesse an Arbeiten für die Bühne – ob Mario Botta oder Jean Nouvel, ob Coop Himmelb(l)au vor wenigen Wochen in Frankfurt mit Kleists «Penthesilea» oder Daniel Libeskind vergangene Spielzeit in Saarbrücken mit Wagners «Tristan». So reizvoll auch die Ausflüge in die Welt des Theaters sein mögen: Nicht immer ist die Liaison als glücklich zu bezeichnen. Das mag zum einen an den mangelnden dramaturgischen Erfahrungen von Architekten liegen, zum anderen aber auch an der Erwartungshaltung von Theaterleitung und Publikum. Denn wenn der Name eines Stararchitekten auf dem Besetzungszettel zu lesen ist, wird ein spektakuläres Bühnenbild erwartet, nicht die Tugend der Zurückhaltung.

In Rotterdam ist die Tanzfläche von einem den gesamten Bühnenraum ausfüllenden, dreiteiligen weissen Paravent umgeben, der als Projektionsschirm dient. MVRDV haben ihre als autarkes System konzipierte dreidimensionale Stadt in acht Sektoren unterteilt, die unterschiedlich viel Volumen des Würfels beanspruchen: Landwirtschaft, Wald, Energie, Wasser, Industrie, Abfall, Kultur/Erholung sowie Wohnen/Geschäfte/Büros. In überaus suggestiven Computeranimationen (realisiert von den Rotterdamer Grafikspezialisten Wieland & Gouwens) wird jeder dieser Sektoren als räumliche Struktur, als Subsystem des Würfels visualisiert – während es den dreissig Tänzerinnen und Tänzern im Vordergrund nicht recht gelingen will, mit ihren Körpern «Life in the 3D City» umzusetzen. Angesichts der in Filmsequenzen von bislang selten gesehener Perfektion umgesetzten Daten- und Informationsmengen verhält sich die Choreografie hilflos, verfällt in Stereotypen. Die Musik (eine Collage von Henry Purcell und Heinrich Ignaz Franz Biber bis hin zu den «Einstürzenden Neubauten») harmoniert durchaus mit dem Rhythmus der Bilder; doch ist der menschliche Körper in der MVRDV-spezifischen *brave new world* zwar vorhanden, aber alles andere als unverzichtbar. So recht glaubt man auch nicht daran, dass es körperlicher Nähe noch bedarf, wenn Reproduktionsmedizin statistische Schwankungen der Population eliminieren könnte. Am Ende stehen die Darsteller in Rückenansicht erstarrt – wie in Richard Oelzes Gemälde «Erwartung» – und sehen zu, wie sich die acht räumlichen Subsysteme auf der zentralen Projektionsfläche überlagern und schliesslich wieder den Würfel bilden. Kein Zweifel, die Architektur trägt den Sieg davon.

KM3: Die dreidimensionale Stadt von Winy Maas (MVRDV)

Die Welt wird voller und voller. Die Bevölkerung wächst, der Raumbedarf und die Mobilität nehmen zu. Enorme Massen niedriggeschossiger Bebauung drohen die Metropolen zu verbinden und drängen Naturschutzgebiete, Wasserzonen und landwirtschaftliche Nutzflächen zurück. Die Welt wird zu einem endlosen «See», aus dem zu entkommen unmöglich ist: der «Universal City». Wie lange noch können wir das geschehen lassen? Kompaktheit wird als ein Mittel gesehen, neue Räume zu schaffen und die Aufnahmekapazität zu vergrössern. Wohnungen und Büros bauen wir kompakter: Wir stapeln sie bis auf 500 Meter Höhe. Aber wenn wir weiter verdichten wollen, so müssen wir auch Funktionen berücksichtigen, die weniger auf der Hand liegen – so Landwirtschaft, Wassergewinnung, Erholungseinrichtungen.
Das führt zu deutlicher Synergie. Integration verschiedener Funktionen verkleinert Abstände, dadurch reduziert sich das Transportaufkommen, was wiederum zu mehr Mitbenutzung führt.
Das macht die Städte allerdings verwundbarer. Die Abhängigkeit voneinander wird grösser und die Flexibilität kleiner. Ein gemeinschaftlicher Respekt ist nötig.

KM3 ist eine theoretische Stadt. Es gilt zu untersuchen, ob es möglich ist, eine Million Einwohner mit allen ihren Bedürfnissen kompakt unterzubringen. Es handelt sich nicht um eine utopische, auch (noch) nicht um eine ideale Stadt, wofür viel mehr Komponenten zu erforschen wären. Psychologische, soziale und auch Sicherheitsaspekte wurden in dieser Studie nicht berücksichtigt; diese führten zu einer ganz anderen Stadt. Es handelt sich hier um den Aufriss eines dreidimensionalen Städtebaus. Es entsteht eine Stadt, in der Oben und Unten nicht so bedeutungsvoll ist wie Links und Rechts, Vorne und Hinten.
Dies ist ein erster Schritt. Er führt uns zu vielen Fragen. Wer könnte diese 3D-Welt realisieren? Wer die Operation finanzieren? Welche Logik führt zu dergleichen Stadt? Welche Infrastruktur benötigt man dazu? Unter welchen Umständen akzeptieren wir es, unsere Kinder in 50 Meter Höhe über dem Boden aufwachsen zu lassen? Muss man von einem neuen «Ideal», einer neuen Moral sprechen?

Wie sieht eine beinahe maximal kompakte Stadt aus? Wie kompakt kann sie werden? Ist sie ein denkbares Modell? Ist sie wirklich kompakter als die heutige Stadt? Ist sie teurer? Um Einsicht in diese Fragen zu gewinnen, nehmen wir eine Stadt von einer Million Einwohnern. Wie viel Raum benötigen diese zum Wohnen, zum Arbeiten, zum Erholen? Wie viel Raum wird benötigt, um die Stadt mit Nahrung zu versorgen? Wie viele Bäume sind nötig, um diese Stadt mit genügend Sauerstoff zu versorgen? Wie viele Fabriken benötigt man, um die Bedürfnisse der Stadt zu befriedigen? Und so weiter.

1
2

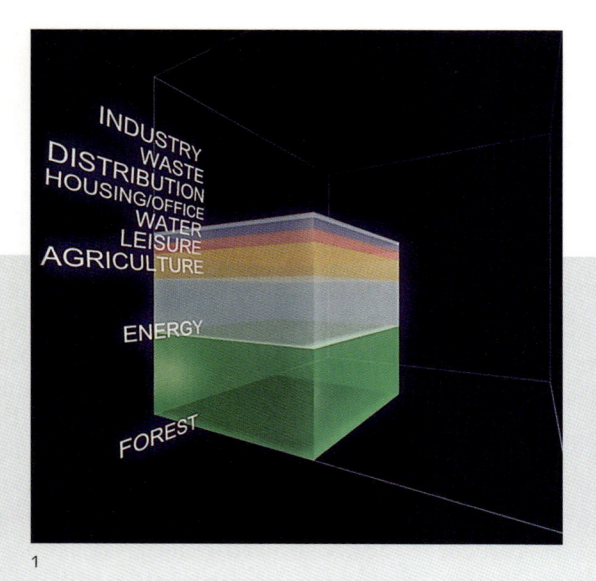

Um zu wissen, wie viel eine derartige Stadt wirklich nötig hat, ist die Stadt auf sich selbst gestellt.
Wir nutzen die niederländische Statistik, weil sie publiziert ist und ausserdem ziemlich umfassend. Und die Niederlande sind überdies kein unattraktives Land: Sie sind wohlhabend, besitzen eine gute Versorgung, sind transparent und demokratisch.
Wie gross ist dann eine derartige Stadt in der bekannten heutigen, weitgehend in die Fläche sich erstreckenden Form? Und wie gross ist die gleiche Stadt in kompakter Form?
Wir versuchen eine Stadt zu konstruieren, die so hoch wie lang und breit ist. Eine kubische Stadt: eine Stadt, die in Kubikkilometern gemessen wird und nicht in Quadratkilometern – KM3.
Wie viel Raum benötigen dann dieselben Funktionen in KM3? Nicht allein die reinen Kubikmeter müssen gezählt werden; mit einzubeziehen in die Rechnung ist auch das Volumen, das zum tatsächlichen Funktionieren nötig ist: Viele Pflanzen gedeihen nicht im Dunkeln, sondern brauchen Tageslicht. Die Öffnungen, welche diese Pflanzen benötigen, müssen ebenfalls berechnet werden. Und wie gross ist die Synergie, wodurch einzelne Funktionen weniger Raum benötigen?

Sektoren
Um Einsicht zu gewinnen in eine derartige Stadt, wird eine Anzahl essenzieller «Lebensvoraussetzungen» für diese Stadt studiert, die jeweils als ein möglicher «Sektor» dieser Stadt verstanden werden können. Wieviel Raum benötigt jeder Sektor?
Acht Sektoren wurden untersucht. In ihrem Zusammenspiel öffnen sie den Weg zu einer völlig gemischten Stadt.

1. *Ernährung.* Die Bewohner von KM3 haben die gleichen Ernährungsgewohnheiten wie wir derzeit in den Niederlanden. Einige Teiloberflächen können inwändig organisiert werden. Andere hingegen benötigen täglich mindestens zwei Stunden direktes Sonnenlicht. Im Kubus sind daher sieben Täler ausgespart, welche für mit Sonnenlicht versehene Gewächsterrassen genutzt werden. Jedes der Täler wird durch ein Gewächs beherrscht: Bananen, Reis, Grünpflanzen (wie Salat und Gurken), subtropische Früchte, Früchte des gemässigten Klimas (wie Äpfel und Birnen), Tabak/Kaffee/Tee sowie Weintrauben. Die Grösse wird bestimmt durch die Nachfrage. Die Position wird definiert durch die Lage zur Sonneneinstrahlung. Die Höhenlage der Täler ergibt sich unter anderem aus den Wachstumsbedingungen der Pflanzen: Tomaten gedeihen in warmen Zonen auf Höhen zwischen dem Meeresspiegel und 1000 Metern, Trauben an Südhängen zwischen 500 und 2000 Metern, Reis zwischen 0 und 4000 Metern. Nehmen wir an, dass KM3 sich auf dem Gebiet der Niederlande befindet, so müssen in den dafür vorgesehenen Tälern die tropischen Pflanzen mit Glasdächern überdeckt werden. Sie können dann auch in grösseren Höhen angebaut werden. Die Produkte, die kein Sonnenlicht nötig haben, werden in spezifischen «Fabriken» gezogen.
Der Ernährungssektor ist der grösste Sektor der Stadt: 40,5 Prozent des Volumens sind dafür erforderlich. Wenn alle Bewohner von KM3 sich vegetarisch ernährten, wäre nur die Hälfte der Oberfläche erforderlich.

2. *Wald.* KM3 produziert viel CO_2 – trotz der Tatsache, dass in KM3 aufgrund der geringen Distanzen viel weniger Auto gefahren wird. Menschen, Tiere und Fabriken produzieren zusammen 11 421 Tonnen Kohlendioxid pro Jahr. Um diese Menge in Sauerstoff zu verwandeln, sind 39 km^2 Wald nötig (jeder Hektar Wald absorbiert 293 Tonnen Tonnen CO_2 jährlich).
Daneben besitzt KM3 eine grosse Anzahl an Produktionsbetrieben. Jährlich besteht ein Bedarf an 8000 Tonnen Brennstoff, 219 000 Tonnen Baumaterial, 84 000 Tonnen Platten, 52 000 Tonnen Holzbrei und 208 000 Tonnen Papier – zusammen also 571 000 Tonnen. Dafür werden noch einmal 228 km^2 an Wald benötigt. Um den Nachwuchs an Bäumen zu sichern, werden 158 km^2 für Jungwuchsplantagen bereitgehalten. Zusammen beträgt der Bedarf also

425 km². Eine Mischung der Baumtypen senkt das Risiko von Krankheiten und bietet überdies verschiedene Hölzer an.
Täler werden ausgespart, um die Waldebenen zu belichten. Die Position der Täler hängt ab von den Baumarten; für jedes Tal werden spezielle Baumgemeinschaften entwickelt.
Der Wald bildet den zweitgrössten Sektor der Stadt.

3. *Energie.* Aufgrund von Kompaktheit und Synergie benötigt KM3 weniger Energie als eine herkömmliche Stadt. Allerdings ist zur Wärmung der tropischen Früchte zusätzliche Energie nötig. Die Energieversorgung wird durch drei mehr oder minder gleichmässig genutzte Energiequellen gewährleistet, um das Risiko zu vermindern und Synergien zu stärken.

3a. *Biogas.* Etwa 30 Prozent des Energiebedarfs werden erzeugt durch den in KM3 anfallenden biologischen Abfall aus dem Wohnsektor und dem landwirtschaftlichen Sektor. Mittels Rohrleitungen wird dieser zu einer zentralen Biogasanlage transportiert. Ein Raum dieser Anlage neutralisiert Gestank und Wärme.
Um den Abstand zwischen Quelle und Fabrik zu minimieren, bedarf es verschiedener Installationen.

3b. *Windenergie.* Für ungefähr 35 Prozent des Energieverbrauchs sorgen Windmühlen. Sie werden in zwei Windtunneln angeordnet, jeweils von acht Kilometern Länge und ungefähr 500 Metern Querschnitt. Geringere Dimensionen sind aufgrund der Wände nicht sinnvoll. Grössere auch nicht, da dann die Geschwindigkeit des Windes zu gering wird. Verformungen der Tunnelröhren verursachen den so genannten «Venturi-Effekt», durch den die Geschwindigkeit des Windes sich nicht so stark vermindert.

3c. *Sonnenenergie.* Der restliche Teil des Energiebedarfs wird durch Sonnenenergie bereitgestellt – in der Höhe, wo es zu kalt ist für Landwirtschaft und Wald, werden Fotovoltaikzellen installiert. Aufgrund der Nähe zur Sonne sind sie extrem rentabel – benötigt werden nur 27 km².

4. *Abfall.* KM3 produziert jedes Jahr 1 892 345 m³ Abfall, davon 34 Prozent organisch und 66 Prozent anorganisch. Der organische Abfall wird in den Biogasanlagen verbrannt. Die dadurch entstehende Wärme versorgt die Stadt und wird von der Energiebilanz

1 **Schematische Einteilung der Sektoren in KM3**
2 **Diversifikation der Funktionen**
3 Sektor Ernährung
4 Sektor Wald
5 Sektor Energie
6 Sektor Abfall
7 Sektor Wasser

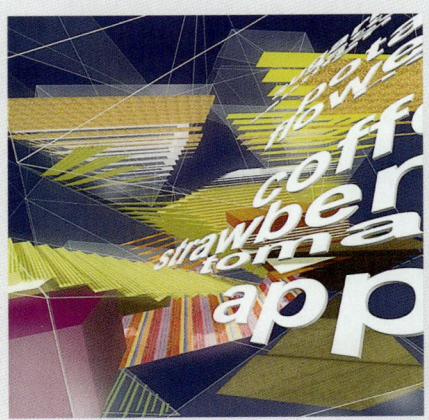

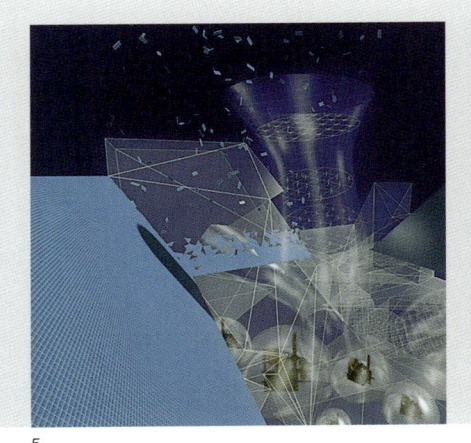

abgezogen. Ein Drittel des anorganischen Abfalls kann ebenfalls hierher gebracht werden.
Die übrigen zwei Drittel werden rezykliert. Dafür bedarf es Sammelstellen und Rezyklieranlagen.

5. *Wasser.* KM3 benötigt jährlich 896 000 000 m^3 Wasser – nicht nur als Trinkwasser, sondern auch für die Bewässerung, die Luftbefeuchtung, die Fischproduktion und die Erholung. KM3 besitzt einen geschlossenen Wasserkreislauf: Was benutzt wird, wird auch gesäubert und wiederverwendet.
Alle Verluste durch Verdampfung werden durch Regenfall ausgeglichen. Es regnet in KM3 so viel wie in den Niederlanden, 18 800 000 m^3 pro Jahr. Eine Reservekapazität von 25 Prozent wird bereitgehalten, um auch in mageren Jahren genügend Wasser zu haben.
Das Wasser wird in Bassins oberhalb der Stadt gesammelt. Diese haben direkte Verbindungen mit den Bauernhöfen, den Wäldern und den Wohngebieten.
Es gibt mehrere Wasserleitungssysteme in KM3: schwarzes Wasser (für Haus- und Industrieabwässer): 6,25 Prozent; graues Wasser (Haushaltswasser): 34,5 Prozent; leicht-graues Wasser (Bewässerung, Regen): 44,3 Prozent; weisses Wasser (Trinkwasser): 14,95 Prozent.
Innerhalb von 50 Tagen ist eine vollständige biologische Reinigung möglich; das Wasser wird dann wieder zu den Bassins emporgepumpt. Zwecks Nutzung für die Erholung (0,09 km^2) und Fischzucht (0,1 KM3) wird die Kapazität des Wassersystems auf 0,3 KM3 erhöht.
Mit einer Reihe 500 Meter hoher Wasserfälle wird das Wasser nach unten befördert und verteilt über die verschiedenen Ebenen der Stadt.
Diese Wasserfälle erzeugen zusammen mit den Dampfturbinen am Ende des Zyklus genügend Energie für den Wasserkreislauf, etwa 79.000 GWh pro Jahr. Unterwegs wird erst das schwarze Wasser gesäubert, in einer Kläranlage von 800 × 750 × 250 Metern. Diese besteht aus einem Filter, einem Sedimentationsbecken, einem Bakterien- und Sauerstoff-Zufüger, einem zweiten Sedimentationsbecken, einem Mikroorganismen- und Eisenchlorid-Zufüger, einem dritten Sedimentationstank und einem Becken mit Lavabrocken. Dies alles geschieht innerhalb von 17 Stunden.
Anschliessend wird das graue Wasser zusammen mit dem übrigen Wasser in einer 20 km^2 grossen Fläche von Sanddünen gesäubert, vier Tage lang. Die Fläche, welche die Regeneration benötigt, ist die Gesamtfläche der Dünen eingerechnet.
Danach wird das nun leicht-graue Wasser mit dem Rest des Wassers in einer Reihe septischer Tanks gesäubert, wo zugleich Fisch produziert wird. Dadurch ergibt sich zugleich eine biologische Säuberung. Schliesslich wird das beinahe reine Wasser in einem Sumpfgebiet von 5 km^2 in Brunnenqualität umgewandelt; die letzte Reinigungsphase findet in einem 25 km^2 grossen Waldgebiet statt.
Mittels Dampfturbinen wird das gesammelte Wasser unterhalb der Stadt verdampft und durch den Wind zu den oberhalb gelegenen Bassins transportiert. Durch die dort herrschende niedrige Temperatur kondensiert es und tröpfelt in die Bassins.

6. *Industrie.* Das Konsumverhalten in KM3 ist gleich wie in den Niederlanden.
Dafür bedarf es 16 Industriebezirken, die zusammen 496 Produktionsprozesse umfassen (27 Plastik-, 4 Leder-, 2 Büro-, 30 Gebäude-, 19 Papier-, 9 Kleidung-, 2 Kohle-, 44 Druck-, 36 Textil-, 57 Ernährung-, 32 Möbel-, 78 Maschinen-, 114 Metall-, 17 Holz-, 19 Chemie-). Drei Produktionsbereiche sind in Clustern angeordnet, damit die Verbindungswege so kurz wie möglich bleiben.
Die benötigten Sicherheits- und Um-

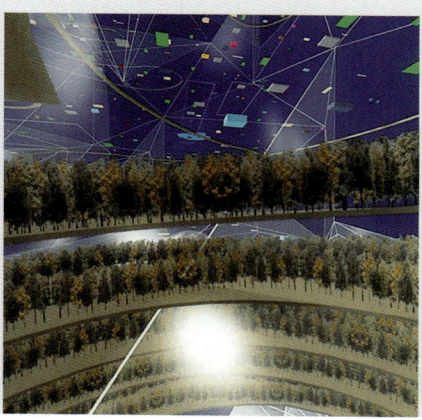

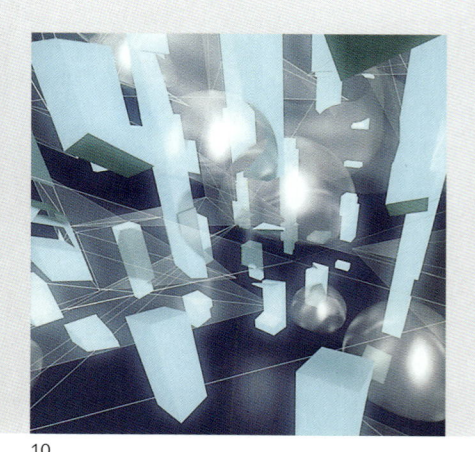

8 **Sektor Industrie**
9 **Sektor Entspannung**
10 **Sektor Geschäfte, Häuser und Büros**
11 **Mix: 3D-City**

11

weltabstände bilden Löcher in der Stadt, eine Reihe von dreidimensionalen Grotten, in denen sich die Industrie ansammelt.

7. Entspannung. KM3 entspannt sich nicht allein in den Wäldern, Wasserbassins oder den Landwirtschaftstälern. Es besteht ein Bedarf an weiteren 221 km² für Sport- und Rekreationseinrichtungen. 1448 Anlagen stehen für 73 verschiedene Sportarten zur Verfügung, 255 Orte für 13 Rekreationsprogramme, 3363 Orte für 33 kulturelle Aktivitäten.
Sie sind überall über die Stadt verteilt, sodass jeder so nahe wie möglich wohnt und arbeitet. KM3 ist demokratisch.

8. Geschäfte, Häuser und Büros. Das benötigte Volumen für Geschäfte, Häuser und Büros ist – verglichen mit den übrigen Funktionen – relativ klein. Diese Volumina sind angeordnet in Türmen von 104 × 104 Meter Grundfläche. Sie stehen zueinander auf Abstand, um Licht und Luft in die Wohnungen zu lassen, entsprechend den städtebaulichen Normen in den Niederlanden.

Übersetzung aus dem Niederländischen: Hubertus Adam

Antonio Lupi

Vertrieb:
Schweiz/Deutschland/Austria
Telefon 0041 052 3854555
alupi@swissonline.ch
www.antoniolupi.ch

Leserdienst 112

Heizen im Quadrat

Dieser neue Raumwärmer besticht durch seine klassische geometrische Gitterarchitektur. Er hebt sich damit von allen herkömmlichen Heizkörpern ab. **KAROTHERM®** berücksichtigt die Anforderungen zeitgemässer Architektur – in ökologischer und ästhetischer Hinsicht. Umweltfreundlich pulverlackiert ist der **KAROTHERM®** in jeder Wunschfarbe auch als Raumteiler attraktiv.

Harmonie durch Symmetrie.

arbonia

Arbonia AG
Industriestrasse 23, CH-9320 Arbon, Telefon 071 447 47 47

www.arbonia.com

Leserdienst 121

ERGO**DYNAMICS**
IHR OFFICE GERÄT IN BEWEGUNG:

DYNAMISCH SITZEN

EHR BEWEGEN

DYNAMISCH STEHEN

MEHR ERLEDIGEN

ERGODYNAMISCH **ARBEITEN**

MEHR LEBENSQUALITÄT IM BÜRO

JOMA AADORF

Ergonomische Büroeinrichtungen sind das A und O für eine lebenswe...

RONDO

RONDO

Das klassische System für alle Unternehmensbereiche: Einfach perfek...

RONDO PRO

Bewegung möglich machen. Wechselnde Arbeitshaltungen vom Sitz...

MEHR MOTIVATION

DYNAMISCH SITZEN

DYNAMIS

Unser Service: kompetente Beratung, präzise Planung und pro...

...BEITSWELT IN EINER HOCHINTERESSANTEN ZUKUNFT. SIE HAT SCHON BEGONNEN...

H.E.L.O.S PRO

H.E.L.O.S SPACE

H.E.L.O.S

...FREGEND SCHÖN UND ZUKUNFTSWEISEND: ERGONOMISCHES DESIGN VON HEUTE

H.E.L.O.S SPACE

...ZUM STEHEN. DER EFFEKT: NEUE ENERGIEN FÜR KÖRPER UND GEIST.

...EHEN

...FIZIENZ

ERGOdynamisch Arbeiten
MEHR FREUDE AM BERUF

...NELLE EINRICHTUNG. NUTZEN SIE UNSERE ERFAHRUNG. FORDERN SIE UNS!

JOMA

XENO

Vom topaktuellen und unglaublich vielseitigen Design-Büro...

XENO Thekensysteme

....bis zur repräsentativen Empfangstheke.

Herzlich willkommen in der JOMA-Bürowelt!

- Grosse Auswahl - von preiswert bis exklusiv
- Qualität zu fairen Preisen
- Grosse Ausstellung
- Rund 20 verschiedene Büroarbeitsplätze
- Zukunftsweisende Möbelprogramme
- Besonderheiten (Steh-/Sitzpulte auf Knopfdruck)
- Kompetente Einrichtungsberatung
- Unverbindliche Einrichtungsvorschläge

WWW.JOMA.CH
E-MAIL: INFO@JOMA.CH

Unter dieser Adresse finden Sie uns im Internet.
Mit vielen Tips rund um die Einrichtung von Büros, kostenloser Planungssoftware zum Runterladen
und vielem mehr...

Wir freuen uns auf Ihren Besuch!

JOMA-Trading AG, Weiernstrasse 22, CH-8355 Aadorf, Telefon 052/365 41 11, Fax 052/365 20 51, e-mail: info@joma.ch
Öffnungszeiten der Ausstellung: Mo. bis Fr. von 7.30 bis 12.00 Uhr und von 13.30 bis 17.00 Uhr oder nach Vereinbarung

JA! Sie haben mich neugierig gemacht!
Bitte senden Sie mir unverbindlich Information über:

- ☐ Büromöbelsystem RONDO
- ☐ CAD-/DTP-Arbeitsplätze RONDO pro
- ☐ Büromöbelsystem H.E.L.O.S space
- ☐ CAD-/DTP-Arbeitsplätze H.E.L.O.S pro
- ☐ Büromöbelsystem XENO
- ☐ Thekensystem XENO
- ☐ Andere Büromöbelsysteme
- ☐ Besprechungstische
- ☐ Schranksysteme
- ☐ Chefzimmereinrichtungen
- ☐ Raumgliederungssysteme
- ☐ Bürostühle
- ☐ Zeichentische / Zeichenmaschinen
- ☐ Planschränke / Planhängeordner
- ☐ Durchleuchttische

Absender: _____

_____

_____

_____

Telefon: _____

21 22 23 24 25 26 27 28 29 30 33

JOMA

JOMA-Trading AG, Weiernstrasse 22, CH-8355 Aadorf, Telefon 052/365 41 11, Fax 052/365 20 51, e-mail: info@joma.ch

Zimmerei Schreinerei Walter Küng AG

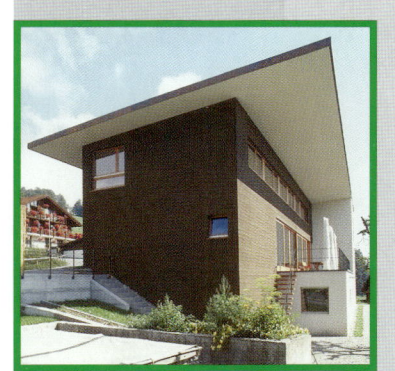

6055 Alpnach 041 670 18 22
6074 Giswil 041 676 70 42

Wissen in Holz
25 jahre 1977-2002

www.kueng-holz.ch
info@kueng-holz.ch

- Holzsystembau
- Altbausanierung
- Treppenbau
- Fassadenbau
- Oekonomiebauten
- Schreinerarbeiten
- Innenausbau
- Rundholzbau
- Gewerbebauten

Bauen mit Holz
Moderner denn je!

Zusammenarbeit mit Architekten

Wir pflegen eine intensive Zusammenarbeit mit Planern an. Wir konzentrieren uns auf die Teilplanung unserer Kernkompetenzen und erleichtern den Planern damit die Integration in das gesamte Baukonzept und bewahren damit Neutralität.

Leserdienst 125

Die klare Sport-Linie:
Nicole Brändli, 23 Jahre, Europameisterin und Vizeweltmeisterin im Zeitfahren, dank einer starken Vision und einem bis in alle Einzelheiten durchdachten Training, gekoppelt mit einer starken persönlichen Leistung.

Erfolg

& Design

innen oesch

KÜCHEN — HOTEL
BAD — RESTAURANT
WOHNEN — BAR

RAUM-BUSINESS — PRAXEN

Oesch Innenausbau AG
Astrastrasse 23
3612 Steffisburg
info@oesch.ch
www.oesch.ch
Tel. 033 438 24 24
Fax 033 438 24 28

Leserdienst 138

---

www.bigla-bms.ch

bigla ORIGINAL SWISS

Leserdienst 128

Die klare Design-Linie:
Bigla, 98 Jahre, schweizer Büromöbelhersteller, präsentiert **BMS**ystem, das hochqualitative Bigla-Modulsystem mit raffinierten Details und unbegrenzten Farb- und Materialkombinationen, für Ihr individuelles Büro.

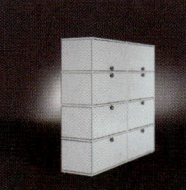

Dans le cadre de sa trilogie «Danse et Architecture», le chorégraphe belge Frédéric Flamand, directeur de la Compagnie Charleroi/Danses – Plan.K, explore de nouvelles conceptions de l'espace et de la perspective pour le théâtre de danse moderne – en collaboration avec des architectes qui s'intéressent à la recherche multidisciplinaire. Après Diller+Scofidio et Zaha Hadid, Jean Nouvel a créé une scénographie qui reflète à l'aide d'images virtuelles et réelles des phénomènes complexes comme la transparence et la profondeur de champ.

La danse et le rêve

Jean Nouvel et Frédéric Flamand en conversation avec Judit Solt

Deutscher Text S. 44–49

Jean Nouvel, avant «Body/Work/Leisure», vous avez déjà travaillé avec Frédéric Flamand. Comment cette collaboration a-t-elle commencé?

A l'Exposition universelle de Hanovre en 2000, nous avions réalisé un spectacle sur le futur du travail. Je voulais ajouter à ce thème abstrait et technocratique une dimension un peu plus chaleureuse. J'ai proposé un dispositif scénographique qui fonctionne à l'inverse du Théâtre du Globe, où les acteurs sont au centre de la salle et le public autour: ici, c'était le public qui était au milieu, dans une arène où l'on descendait par une rampe, et les acteurs étaient placés sur des échafaudages.

A Hanovre, Frédéric a travaillé à un niveau de contrainte assez élevé, parce que nous devions tenir compte de certains sujets liés aux partenaires qui finançaient cette manifestation. Malgré tout, il a trouvé que ce système avait une certaine richesse, et il a dit: «On va essayer de prolonger cette histoire pendant un an.» Mais cette fois-ci, avec beaucoup plus de liberté; cela a conduit à la production de *Body/Work/Leisure* en 2001.

Qu'est-ce qui vous a tenté dans ce travail de scénographe?

Ce qui m'a particulièrement intéressé, dans ce projet, c'est le rapport entre un certain type d'espace et le mouvement même du danseur; celui-ci se retrouve *dans* l'espace, dans un véritable édifice, au lieu d'être *sur* un plan, et il doit réagir à une architecture au lieu de flotter dans le vide. Le danseur est confronté à une résistance, à quelque chose qui est organisé, et qui l'oblige à composer.

Dans la plupart des spectacles de danse que j'ai vus, les danseurs étaient simplement sur la scène, et la scène était vide, ou pratiquement. Ici, ils sont dans un lieu, même s'il est peut-être un peu virtuel. Ils sont confrontés à une topologie spatiale, à une topographie, et je crois que quelque chose est né de ça.

Et à part cela, naturellement, on retrouve dans cette production un certain nombre de mes obsessions: le travail sur la profondeur de champ, les transparences, les reflets, les projections, les mirages et les ombres, le virtuel et le réel… et la lumière, évidemment.

Un décor de théâtre est soumis à d'autres contraintes qu'un bâtiment. Y a-t-il des sujets architecturaux que cette scénographie vous a permis d'approfondir?

Je ne sais pas si j'ai vraiment pu aller plus dans le détail, mais ça m'a peut-être permis de travailler sur un vocabulaire plus immédiat. Dans les expositions, on peut aussi le faire, de temps en temps; mais pas avec cette précision-là.

Jusqu'à quel point la chorégraphie et la scénographie se sont-elles influencées mutuellement?

Au début, nous avons travaillé pour définir les dispositifs. Nous avons choisi les types de matériel, parlé des principes généraux; ensuite Frédéric a réadapté son travail de chorégraphe à ces données. Ce dispositif existe en deux variantes: en frontale, où le public se trouve en face d'une scène unique, et en mi-frontale, où le public est debout au milieu, libre de se promener entre deux scènes. Donc, nous avons mis au point ces deux systèmes-là; ensuite, c'était du travail de réalisation. Il fallait aussi vérifier si les systèmes fonctionnaient.

Et naturellement, comme c'était aussi un travail commun, il fallait que je comprenne ce que Frédéric voulait, et ce qu'il pouvait faire: pour les danseurs, il y a quand même des données techniques un peu particulières. Sur scène, il leur faut une certaine largeur, une certaine longueur, il ne faut pas que ça glisse trop… Après, le travail ressemblait à celui que l'on fait pour un bâtiment: l'architecture est toujours, dans ce cadre-là, un ordre de la contrainte; sauf que pour une scénographie, les contraintes sont plus légères que pour un bâtiment.

D'autre part, il y a une dimension symbolique dans une production sur le monde du travail. Je voulais que l'architecture soit très élémentaire. Elle est formée par des plates-formes d'entrepôt, et cela conduit à une espèce d'ambiguïté du support. Je voulais qu'il ne se lise pas comme un vrai décor; quand on arrive dans la salle, on ne sait pas trop ce que c'est, on se demande si c'était là avant.

Qu'est-ce qu'une bonne scénographie? Etes-vous content de celle-là?

J'en suis très content. Et je considère qu'un scénographe, c'est quelqu'un qui met à la disposition du metteur en scène un certain nombre d'éléments qui sont en synergie avec sa volonté générale.

Je suis, dans ce cadre-là, quelqu'un qui écoute – comme j'écoute un client, finalement. J'essaie de le comprendre. Le metteur en scène vient me voir parce qu'il est intéressé par certains principes; et ensuite, ensemble, nous essayons de proposer quelque chose qui est réaliste et qui permet peut-être d'explorer des chemins qui n'ont pas été trop parcourus. Dans le cas de *Body/Work/Leisure*, il s'agissait du jeu sur la profondeur de champ, du fait que le spectateur ne soit pas mené, qu'il soit un peu perdu… Toutes ces notions-là sont assez spécifiques, par rapport à la danse.

J'ai beaucoup aimé participer à ce projet. Le résultat est plus approfondi qu'il ne fut à Hanovre. Là-bas, nous avions un dispositif plus dynamique, mais il n'avait pas, à cause des contraintes mêmes liées aux messages que nous devions faire passer, cette liberté que nous avons ici.

Ce n'est pas non plus votre première collaboration avec un chorégraphe: il y a cinq ans, vous avez créé la scénographie pour un ballet de Bernd Roger Bienert, dans le cadre du cycle «Architektur im Bühnenraum» à l'Opéra de Zürich.
Ce travail était aussi basé sur un système très tentant, mais il s'agissait d'une danse classique, sur la *Moldau* de Friedrich Smetana. C'était une scène à plat; j'avais mis les danseurs en référence avec un système orthonormé, avec différentes grilles qui faisait qu'ils bougeaient presque sur un fond de papier millimétré, ou entre deux ou trois papiers, ou à contre-jour. J'ai cherché un jeu avec la présence même du danseur par rapport à une conscience générale de l'espace, avec la tension entre un corps physique et une conception spatiale abstraite. Le tout avait un côté un peu mathématique, très différent du travail avec Frédéric.

Frédéric Flamand, depuis des années, vous collaborez régulièrement avec des architectes. Dans la trilogie «Danse et Architecture», vous parlez d'élaborer les interfaces entre la danse, l'univers audiovisuel et l'architecture. D'où vient cet intérêt pour l'architecture?
Il y a des années, nous avons réalisé des spectacles dans des lieux inattendus, hors circuit des théâtres traditionnels. Nous avons aussi beaucoup voyagé; aux Etats-Unis, nous avons rencontré l'avant-garde américaine, vu les lofts des artistes à New York. Quand nous sommes revenus en Belgique, nous nous sommes installés à Bruxelles, dans une ancienne raffinerie de sucre – 4000 m^2 et 24 pièces, un véritable labyrinthe. Nous y avons créé un centre multi-média. Des artistes géraient le bâtiment et d'autres venaient y travailler ou présenter des spectacles: des artistes vidéo, des danseurs, tous les artistes américains de passage en Belgique – il y avait Bob Wilson, Charlemagne Palestine, des groupes rock, le Cabaret Voltaire… En même temps, je continuais mon travail avec une petite compagnie. A force d'inviter et de voir tous ces artistes de différentes disciplines, nous avons fini par avoir envie de faire des projets pluridisciplinaires avec eux.

Quant à l'architecture, elle était toujours présente: le bâtiment était tellement extraordinaire! Et puis, j'ai eu envie de collaborer avec des architectes pour créer des lieux en fonction de mon travail, structurer des espaces pour des projets bien particuliers.

Vous avez collaboré avec Elizabeth Diller et Ricardo Scofidio pour «Moving Target» en 1996 et pour «EJM1-Muybridge» et «EJM2-Marey» en 1998. Vous avez réalisé «Metapolis» en 2000 avec Zaha Hadid et «Body/Work/Leisure» en 2001 avec Jean Nouvel. Pourquoi ces architectes-là?
J'ai lu un texte de Diller+Scofidio où ils disaient que l'architecture, pour eux, c'est tout ce qui se passe entre la peau d'un homme et la peau d'un autre homme. Pour quelqu'un qui travaille avec des danseurs, c'est une définition fabuleuse de l'architecture! Naturellement, ce ne sont pas de simples architectes; ils sont sensibles aux contaminations artistiques, aux contaminations de langage. Jean Nouvel aussi, d'ailleurs. Il dit lui-même: «Quand on me dit que ce n'est pas de l'architecture, ça devient intéressant.» Ces petites phrases signifient beaucoup de choses.

Les architectes avec qui j'ai travaillé essaient de sortir du cadre étroit de leur discipline. Tous nos spectacles, depuis vingt ans, sont hybrides; nous voulons échapper à toute définition précise. Ce qui nous intéresse, c'est l'utopie d'une nouvelle forme de spectacle.

A propos de votre collaboration avec Zaha Hadid, vous avez écrit que vous avez retrouvé, dans les esquisses de l'architecte, une dynamique et une fluidité qui sont au centre de vos réflexions sur le mouvement des danseurs.
Les carnets de dessin de Zaha m'ont fasciné bien avant son architecture. Zaha est comme un médium: Elle fait ses petits dessins qui ressemblent à de la calligraphie arabe, mais aussi à des dessins de chorégraphie comme les miens – pas des choses précises, cartésiennes, mais des impulsions chorégraphiques très brutes.

Ce qui m'a intéressé chez Zaha, c'est l'explosion de la perspective qui se retrouve dans tout son travail. Même quand je travaille dans des théâtres à l'italienne, je cherche des moyens de faire exploser le cadre. Le but de notre travail commun, c'était de faire danser l'espace; pas uniquement les danseurs, mais vraiment l'espace. Naturellement, avec Zaha, on aurait pu faire un opéra, avec des décors qui auraient coûté une fortune: elle a un côté baroque. Mais il s'agissait de s'accaparer son univers sans faire une construction lourde: nous sommes une compagnie de danse qui voyage et doit rester souple.

Nous avions déjà beaucoup travaillé avec le procédé du *blue screen* qui est utilisé pour la production d'émissions télévisées. J'ai donc demandé à Zaha de dessiner des costumes, que nous avons utilisés comme *blue screen*. Des caméras filmaient le danseur qui avait une de ces robes; l'image était projetée en direct avec un projecteur vidéo sur le fond de la scène; et dans cette forme immense, on pouvait envoyer par mix vidéo une autre image choisie par nous – sur la ville, la pollution. C'était la ville à la forme du corps, puisque dans cette danse, c'était le corps qui, par l'intermédiaire du vêtement, avait une espèce d'échange avec la ville. C'était la ville devenue corporelle et le corps devenu urbain.

A part cela, Zaha a construit trois ponts, des objets magnifiques, et qui étaient également traités en *blue screen* puisque leur couleur était légèrement bleue. On retrouvait la figure du pont, une forme tout à fait cassée, en projection sur le fond, combinée avec des vues prises en avion qui changeaient complètement la perspective. Cela créait un espace hybride tantôt en extension, tantôt en compression, généré par le rapport du médiatisé et du réel; à la forme idéale, permanente et monolithique de l'espace classique, nous avons voulu opposer une configuration instable et transitoire.

Quels sont les rapports de la chorégraphie et de la scénographie? Qu'est-ce qu'une bonne scénographie?
Il ne suffit pas que la chorégraphie et la scénographie forment un simple collage, même s'il est réussi. Je ne trouve pas cela spécialement intéressant, ni d'ailleurs le Théâtre Total tel qu'on l'a connu à une certaine époque, où chacun essayait de se mettre en valeur séparément. Je voudrais au contraire arriver à une synergie, où chacun collabore et intègre des éléments pour créer un objet hybride, nouveau et différent. C'est un véritable travail d'intégration, pas au niveau de la forme, mais du contenu. Une bonne scénographie s'intègre donc parfaitement au spectacle, au niveau du sens. Il peut s'agir d'une rencontre provocante, voire difficile – le travail avec Jean n'a pas toujours été facile, vous imaginez: son décor qui envahit toute la scène est un geste architectural fort, et qui contraint les danseurs à un certain type de mouvements. Mais ces difficultés sont aussi très intéressantes; c'est en essayant de surmonter ces contraintes que l'on découvre des choses surprenantes. On ne danse pas de la même manière dans un espace libre que dans un espace aussi structuré, avec des plans inclinés.

La structure que Jean Nouvel vous a offerte pour «Body/Work/Leisure» vous a-t-elle aidé à développer la chorégraphie?
Dans le travail du détail, certainement. Mais avant tout, il s'agissait de discuter du sens, du contenu. Jean n'a pas donné la structure telle quelle: nous sommes partis d'un principe.

Ce décor n'a pas coûté cher: ce sont des étagères industrielles. Cela, c'était dans un premier temps: un décor de 18 tonnes! Dans un deuxième temps, il y a eu un travail paradoxal: comment le faire disparaître? Comment le rendre tour à tour transparent, très apparent, ou pareil à un merveilleux univers japonais avec sa complexe profondeur de champ?

Naturellement, nous discutons beaucoup au niveau du concept; mais dans ces spectacles, il y a toujours de l'artisanat et même du chipotage. L'expression parait horrible; mais les hasards peuvent aussi être des hasards poétiques. En même temps, il n'y a pas de hasard: c'est en tournant de manière obsessionnelle autour de quelques possibilités qu'on trouve des choses inattendues.

Comment se déroule la collaboration avec les scénographes?
Ma collaboration avec Jean Nouvel date de l'Exposition universelle de Hanovre en 2000. Le thème du futur du Travail nous a été imposé. Nous avons travaillé sur le sens de ce spectacle avant même de discuter de ce que nous allions faire. On parle du travail, mais finalement, qu'est-ce qu'on peut en dire?

Nous avons montré des situations extrêmement différentes, très contradictoires, qu'on retrouve aussi dans *Body/Work/Leisure* – comme ces images de gens travaillant dans des bureaux ou ces femmes dans un village, en Afrique. Nous n'avions pas la prétention de présenter une théorie du futur. Simplement, puisque nous travaillons avec des danseurs, nous avons parlé du corps humain – et de cette confrontation entre le corps et les nouvelles technologies qui est, je crois, la question fondamentale de notre XXIème siècle.

Vous vous interrogez sur le statut du corps vivant à l'époque de la révolution industrielle, puis digitale.
Le corps humain est en pleine mutation. Progressivement, il se fait remplacer par des programmes, par des images qui deviennent plus importantes que le réel, par des prothèses. Nous vivons dans un monde de prothèses, l'internet étant la prothèse numéro un: c'est à la fois la ville et la prothèse de rêve. On a mis du temps pour y arriver, mais ce vieux rêve d'ubiquité, on y est: Le monde entier peut, à peu de choses près, communiquer.

Je ne suis ni technophobe, ni technophile; ce que je cherche, c'est une tension: comment transgresser ces données, sur le plan artistique et dans les autres domaines? Nous avons mis vingt siècles à préparer la situation actuelle; comment allons-nous vivre avec ces machines que nous avons inventées? Les nouvelles technologies permettent des choses fabuleuses, il y a tout un univers à découvrir. La cyberculture a 25 ans, mais nous sommes comme les voyageurs du XVème siècle, qui partent avec des cartes imprécises sur les mers. Ce sont les mers de la cyberculture, maintenant, mais on ne sait pas trop vers quoi on se chemine.

Ce que l'on peut voir arriver, par contre, c'est un remodelage continuel du corps humain. On l'a remodelé aux nouvelles théories du travail – au fordisme, au taylorisme. C'est un sujet que nous avons traité avec Elizabeth Diller et Ricardo Scofidio dans *EJM1-Muybridge* et *EJM2-Marey*. Je crois qu'on est actuellement arrivé à une nouvelle utopie de remodelage du corps – moins en ce qui concerne le travail, mais certainement en ce qui concerne le contrôle; c'est toujours du contrôle qu'il s'agit, Michel Foucault l'a décrit de manière extraordinaire. Avec le doping et la chirurgie esthétique, le corps est formé vers de nouveaux idéaux de beauté et de perfectionnement du corps. C'est un quotidien très pervers. Nous avons donc voulu approfondir ce questionnement sur le corps humain dans le monde contemporain – la danse est un média formidable pour cela, les danseurs étudient leur corps huit heures par jour.

Il est question de l'asservissement du corps humain à la discipline de la vie moderne: au normal et au pathologique, au travail, à la ville, à la technique et aux nouveaux médias. Quel est le rôle de l'architecture dans ce processus?
Dans *Moving Target* comme dans *Metapolis*, il ne résulte pas d'éléments architecturaux, mais de barres de danse, de talons hauts et de camisoles de force. De même, l'espace de la scène n'est pas défini par des éléments délimitants comme des murs, mais par des lumières et des projections.

Le contrôle peut être très subtil. Nous vivons dans un monde de plus en plus immatériel, les réalités artificielles font partie de notre quotidien. Jusqu'où peut-on aller sans que le corps ne devienne seulement une information?

Avant, on parlait du ici et du maintenant, mais quand on est sur internet, où est le corps? Les rapports humains sont bouleversés: depuis la Renaissance, on a vécu certains critères pendant quelques siècles, et depuis vingt, trente ans, toutes ces références commencent à être sérieusement remises en question.

Malgré cette dématérialisation, vous cherchez la collaboration de certains architectes.
Ces architectes sont aussi des penseurs. Jean est un philosophe; il y a quelque chose de métaphysique dans ses bâtiments, qui thématisent notre monde de transparence et de déréalisation. Il en parle dans son architecture et ses textes théoriques. Ce sont de très beaux textes, qui ne traitent pas uniquement d'architecture, mais de la création artistique en général. D'ailleurs Jean fait lui-même remarquer le rapport entre son travail et le cinéma. Le reflet, la déréalisation, le filtre, la profondeur de champ – ce sont des choses dont il parle au niveau de son architecture. Nous les avons intégrées au spectacle, qui est devenu une espèce d'immense hologramme, sans vue unique: Le spectateur fait ses propres choix, ses propres associations, à partir d'éléments impressionnistes que nous lui proposons.

Les rapports entre la ville et l'architecture ont une longue tradition. Le théâtre de la Renaissance mettait en scène une ville arrangée selon une perspective sévère, le Baroque s'intéressait au fantastique. Vous réalisez une synthèse: vous combinez des espaces urbains avec des effets techniques spectaculaires qui génèrent des visions déconcertantes et remettent en question la perception habituelle de l'espace.
C'est une remarque intéressante. En fait, nous avons beaucoup travaillé en dehors du cadre, et quand nous y sommes retournés, nous nous demandions comment le faire oublier. Dans «Moving Target», avec ce miroir accroché à 45 degrés au-dessus de la scène, le public regardait parfois plus le miroir que les danseurs: en réalité, ils étaient écrasés sur le sol, mais comme par terre on les voyait mal – surtout dans une salle à l'italienne –, on regardait le miroir, et là, ils semblaient voler dans l'espace. La gravité disparaît, c'est le rêve de la danse!

C'est intéressant de faire exploser le cadre de la perspective, qui est une vision très occidentale des choses. La télévision n'est rien d'autre que le carré des perspectivistes! Le réel est cadré, contrôlé, tout le monde voit la même image. Dans nos spectacles, nous essayons de montrer des images et des perspectives différentes en simultané.

La ville que vous présentez est un lieu défini par un flux, par des réseaux de mouvement, d'énergie et de communication plutôt que par des éléments matériels. Surtout dans «Metapolis», les films et les projections ouvrent des perspectives mouvantes, des extensions dynamiques de l'espace urbain. L'atmosphère de ces espaces hybrides est souvent angoissante. Est-ce ainsi que vous percevez les espaces urbains modernes?
C'est bien d'abord une vision critique; on ne peut pas dire que la planète soit dans un parfait état! Je crois qu'il faut se poser certaines questions, et être exigeant dans le quotidien. Nous sommes des citoyens avant d'être des consommateurs – du moins, je l'espère.

Vous n'êtes pas seulement responsable de la choréographie de vos spectacles, mais aussi de la conception des lumières.
C'est très lié: c'est la lumière qui crée l'espace, qui le structure et qui met en évidence les corps. Dans *Body/Work/Leisure*, cette notion du film, de la profondeur de champ, vient évidemment de Jean Nouvel. Il a été question de projeter des films sur des filtres et sur le corps des danseurs; et puis nous nous sommes rendu compte que ces filtres à la fois dissimulent les corps et les révèlent – un effet paradoxal et intéressant. Apparitions, disparitions, reflets sont des phénomènes que Jean thématise dans son travail, et qui correspondent à notre univers à la fois fragmenté et dilué, sans identités ni frontières précises.

Vous parlez d'une archéologie de la modernité. Comment trouvez-vous la distance nécessaire par rapport au présent?
C'est une question difficile. On observe, d'abord. Et puis, il y la création. Je crois qu'un créateur, c'est quelqu'un qui crée tout le temps, en pensant à autre chose, en regardant un reflet, ou quelqu'un passant dans la rue, ou une branche d'arbre qui bouge. C'est d'ailleurs pour cela que je me suis beaucoup intéressé à certaines formes de la schizophrénie; il y a un rapport très proche avec la création artistique.

La création, c'est le travail de quelqu'un qui trouve des traces et essaie de les rassembler: l'artiste ramasse les morceaux d'une mosaïque explosée, fait des choix, met des éléments inattendus ensemble et crée un objet. La distance résulte de la manière d'assembler les choses et du fait que la création pourrait se développer différemment à un autre moment ou à un autre endroit. On pourrait changer de vie toutes les dix minutes: généralement on ne le fait pas, mais c'est cette multiplicité qui rend la vie extraordinaire. L'artiste essaie de capter une chose impossible.

L'an passé s'est achevée dans les faubourgs de Grenade la construction d'un bâtiment d'importance, non seulement pour la ville, mais pour toute l'Andalousie. L'architecte madrilène Alberto Campo Baeza répond à un entourage extrêmement hétéroclite par un cube et fait appel à des discours architecturaux classiques. L'architecture se referme sur elle-même et ce n'est qu'à l'intérieur qu'elle développe un caractère spécifique.

Un impluvium de lumière

Alberto Campo Baeza: Caisse générale d'épargne de Grenade, Grenade, 1992–2001
Margit Ulama

Deutscher Text S. 70–75

Un voyage à travers l'Andalousie nous montre de manière convaincante la problématique qui conditionne dans une certaine mesure la discussion actuelle de l'architecture, à savoir, le développement non coordonné dans les périphéries effrangées des villes. Les zones urbaines périphériques se développent de manière véhémente dans le sud de l'Espagne. Après l'analyse, c'est donc la résolution d'un cas concret qui est demandée. Avec la *Caja general de Ahorros de Granada*, Campo Baeza fournit une réponse quasi classique, avec des références à l'histoire. Il ignore à la fois la tendance actuelle liée au processus et des thèmes comme *fashion* et *branding*, nouvellement intégrés dans l'architecture.

Le bâtiment est là tel un bloc erratique, dans un environnement marqué par de larges routes de déversement, par des locatifs post-modernes, par des prairies délaissées, mais également par de grands complexes de bureaux de diverses institutions. A première vue, le bâtiment provoque une réaction de rejet. La largesse du geste concernant l'espace intérieur est ainsi d'autant plus étonnante.

Un cube sur une plate-forme
L'Allambra domine de nos jours encore l'image de Grenade, même si, et peut-être du fait qu'elle se trouve un peu à l'écart sur une colline qui domine la ville. Contrairement à d'autres villes, la tradition a encore un effet paralysant. Grenade possède en fait trois symboles: l'Allambra, la Sierra Nevada et la *Caja general de Ahorros de Granada*, une banque puissante. La nouvelle construction, issue en 1992 d'un concours, ne s'est pas pour autant réalisée au centre-ville mais dans la périphérie sud. Le caractère autonome du cube gris est renforcé par la plate-forme artificielle qui, telle un plateau de présentation, compense aussi la dénivellation du terrain. La perception du cube est changeante suivant l'angle de vue: une fois, le cube émerge des pâturages et des ballots de foin et nous fait prendre conscience de la divergence du lieu; une autre fois le cube sur sa plate-forme gris-clair s'élève dans un cadre totalement artificiel. Le cube gris, même s'il donne une impression de calme, est, dans un premier temps, peu avenant. Il est conçu selon le principe de la diagonale. Ses côtés donnent naissance au nord à des surfaces planes qui ne sont transpercées que par de fins bandeaux. Sur les faces sud-ouest et sud-est, l'important cadre de béton apparaît plus fortement, car il entoure un maillage carré dans lequel les fenêtres sont situées très en retrait. La lumière est surabondante en ce lieu, de sorte que les façades sud agissent comme des brise-soleil. La composition, rude et simple au premier coup d'œil, prend place au sein du minimalisme espagnol actuel. Pourtant, ses références remontent à la construction syndicale madrilène des années 40, à Max Dudler et Diener & Diener, en passant par Aldo Rossi. Ces références peuvent se ramifier jusqu'aux tendances fachistes, mais à ce propos avec des différences essentielles, en particulier en ce qui concerne l'absence de toute axialité. Le maillage en façade est identique dans toutes les directions. Il est doublé d'une conception en diagonale. Celle-ci marque la cour intérieure, alors que la composition spaciale et le flux de la lumière vont de pair.

Un intérieur différencié
On pénètre dans le bâtiment par une entrée latérale marquante. Le regard se porte en diagonale sur l'atrium, dont l'étendue frappe dans un premier temps. Quatre piliers surdimensionnés – l'architecte fait état de la cathédrale de Grenade comme source d'inspiration – confèrent à l'espace une monumentalité impressionnante sans être oppressante. La composition en diagonale n'en est pas l'unique cause, dans la mesure où un décalage à peine perceptible en plan fait que la géométrie claire de l'extérieur est abandonnée sur l'intérieur. Le positionnement en carré des piliers est légèrement excentré, alors que celui de l'atrium l'est bien plus. De plus, les lanterneaux polygonaux sont également excentrés. La zone d'entrée est en outre différenciée latéralement par la petite boîte correspondant à l'auditoire, certainement en vue de réduire les dimensions de cet étage. Le redent que crée cette boîte accentue de plus les décalages de la façade intérieure et par conséquent la composition spaciale en diagonale et le flux de la lumière, un thème toujours présent dans l'œuvre de Campo Baeza.

Les façades intérieures sont également conçues en diagonale à la manière des façades extérieures. Deux d'entre elles sont vitrées, alors que les deux autres, constituées d'une fine peau d'albâtre, sont fermées mais changeantes sous l'effet de la lumière. Une fois de plus, un thème central des années nonante, celui de l'opposition «immatériel/massif», y trouve son prolongement. Une imposante toiture reprend le maillage en façade. Une maquette du projet à ses débuts met à jour un traitement identique de la façade et de la toiture. Le cube y apparaît régulièrement et finement perforé, avec des bandes massives sur les arrêtes. Si notre regard se porte actuellement au plafond, le résultat se présente de manière différenciée en raison des pleins et des vides, accentué par les éléments minces non porteurs et les éléments larges porteurs. La ressemblance conceptuelle entre les façades et la toiture conduit malgré tout à des résultats différents, perceptibles au dernier niveau. C'est là que, gratifiés d'une vue dominante, sont localisés la direction et le comité de direction. Les différents volumes intérieurs ont été conçus de manière autonome, ce qui explique l'existence du vide entre les ensembles de volumes verticaux et la construction du toit. C'est ainsi que naît un foyer d'une hauteur équivalente à deux niveaux, un grand espace élancé et résolument ouvert, défini par la toiture et les façades qui, en raison de leur profondeur, unifient pleins et vides. En même temps, on se trouve à proximité immédiate des puissants piliers qui, du coup, perdent leur hauteur inaccoutumée. Ce n'est qu'en regardant en contrebas, en direction de l'atrium, que cette composante refait son apparition. L'impression est en quelque sorte renversée, dans la mesure où notre regard ne se porte plus vers le haut mais vers le bas. Jørn Utzon a transmis ses félicitations à l'architecte pour son projet et pour les colonnes de 33 mètres en précisant que les siennes, au Koweit, n'atteignaient que 26 mètres.

Stéréotomie et tectonique
Campo Baeza, en tant qu'enseignant inspiré, commente ses projets à l'aide de textes et d'esquisses schématiques. Ainsi, il explique les idées maîtresses de ce bâtiment, qui semblent simples, pour aboutir en définitive à une complexité qui renferme même certaines contradictions. La construction représente un H constitué d'une base massive, de piliers et de la construction de la toiture. Les bureaux prennent place sur les côtés avec le joint nettement visible du toit. Aussi limpide soit-il, ce concept s'éloigne toutefois d'une esquisse où l'enveloppe massive est décrite comme étant «stéréotomique» et où elle se joint aux piliers. Les boîtes des bureaux sont à nouveau insérées et apostrophées en contrepartie de «tectoniques». Avec ce concept d'entités, l'architecte s'oriente selon les définitions utilisées par Kenneth Frampton. Pour ses projets les plus récents, Campo Baeza joue à nouveau avec l'opposition stéréotomie/tectonique et la banque de Grenade en est l'illustration monumentale.

Aussi impressionnant que soit le bâtiment, on se heurte à un manque d'évidence en ce qui concerne la notion d'entités. Si, dans un cas, il s'agit du thème de la «masse résistant à la compression» dont les pyramides d'Egypte constituent le paradigme, il peut être question dans un autre cas d'une «poétique de la construction». En regardant le bâtiment de Grenade, son enveloppe dégage une impression massive, et pourtant elle apparaît comme décomposée par la trame. Les piliers impressionnants sont bien massifs, tout comme leurs terminaisons mais il s'agit tout de même de porteurs. Les ailes de bureaux, en ce qui concerne la tectonique, tablent sur une construction légère, mais l'impression ressentie est ambivalente, dans la mesure où la structure porteuse est dissimulée par la peau d'albâtre qui produit une «massivité changeante». De manière générale, il est question d'un système constructif où la transmission des charges est présentée de manière abstraite.

Des cubes éclairés
Campo Baeza élabore toujours ses projets à partir de formes géométriques primaires, où la boîte joue un rôle central. A Grenade, le cube extérieur abrite des boîtes de dimensions variables, en particulier celle, immatérielle, de l'atrium avec ses trente mètres de côté. Les projets contiennent toujours des combinaisons de formes stéréotomiques, dont la géométrie élémentaire se dissout sur l'intérieur dans des espaces différenciés. Les écoles de Madrid-San Sebastian de los Reyes (1983) et Madrid-San Fermin (1985) sont des cas exemplaires de la mise à contribution du cylindre. Lorsque, comme dans le deuxième cas, un cylindre de plots de verre scinde une longue barre de briques, un escalier spacialement intéressant naît à cet emplacement et contrecarre la rigueur érigée en principe. Et à nouveau, la lumière directe tombe obliquement des lanterneaux dans le foyer.

Campo Baeza parle, en rapport avec la banque, d'un «impluvium de lumière» et recourt ainsi à l'une de ses passions favorites, au sud, là où la lumière joue un autre rôle qu'au nord. Il s'agit à cet endroit de se protéger tout spécialement de la lumière qui est surabondante. Par beau temps, on se trouve à midi dans des locaux presque sombres et le patio, en tant qu'espace extérieur privé, frais et protégé, constitue un élément typologique central. L'atrium de la banque, à la fois protégé et submergé de lumière, s'insère dans cette tradition. Par ailleurs, on rencontre à nouveau le cube clair, rayonnant dans l'œuvre de Campo Baeza. Au début des années 90, il a construit la maison Gaspar, de même qu'une école publique en bord de mer. A nouveau, un dehors hermétique est combiné avec une ouverture intérieure. Le flux spacial et le flux lumineux s'entremêlent, en partie en diagonale. Les ouvertures parcimonieuses accentuent le caractère sculptural des cubes sévères, dont l'effet est pourtant bien différent dans les chaleurs du sud que sous nos latitudes.

Architektur aktuell
Herzog & de Meuron, Rehabilitationszentrum für Querschnittgelähmte und Hirnverletzte, Basel, 1998–2002

Lebendige Vielfalt

Das Basler Rehabilitationszentrum für Querschnittgelähmte und Hirnverletzte von Herzog & de Meuron verzichtet auf vieles, was herkömmliche Spitalbauten auszeichnet: Eine Gliederung in Trakte fehlt ebenso wie die repetitive Anordnung von Räumen. Bestimmend sind stattdessen Themen wie räumliche Vielfalt und Grosszügigkeit, Variationen von Dichte und Transparenz und subtile Aussenbezüge. Das neue Rehab ist ein in sich stimmig komponiertes, aber offenes und durchlässiges Gebilde von ausserordentlicher gestalterischer Qualität, das auch Langzeitpatienten einen anregenden Lebensraum bietet; und nicht zuletzt ist es höchst funktional und zu verhältnismässig bescheidenen Kosten erstellt worden.

Ein Rehabilitationszentrum für Querschnittgelähmte und Hirnverletzte ist kein Krankenhaus im engeren Sinne, sondern ein Ort, an dem Menschen – meist nach einem Unfall – mit Hilfe von Ärzten und Therapeuten alltägliche Bewegungsabläufe und Verrichtungen neu erlernen, um wieder eine möglichst hohe Selbständigkeit zu erlangen. Es handelt sich um einen langwierigen Prozess: Die Aufenthaltsdauer der stark in ihrem Bewegungsspielraum eingeschränkten Patientinnen und Patienten beträgt bis zu 18 Monate. Unter diesen Voraussetzungen ist es besonders wichtig, der im Gesundheitswesen allzu oft vernachlässigten Tatsache Rechnung zu tragen, dass eine gelungene architektonische Gestaltung der Patientenräume keinen leeren Luxus darstellt, sondern die Erfolgschancen einer Therapie wesentlich erhöht. Der Neubau des Rehabilitationszentrums für Querschnittgelähmte und Hirnverletzte des Schweizerischen Paraplegikerzentrums, das Rehab im Nordwesten von Basel, liefert einen schlagenden Beweis dafür, dass sich höchste architektonische Qualität, perfekte Funktionalität und verhältnismässig tiefe Kosten durchaus vereinbaren lassen.

Die 1967 eröffnete Anlage, in der das Rehabilitationszentrum bisher untergebracht war, konnte mit ihren Vier- und Sechsbettzimmern den gestiegenen räumlichen und medizinischen Anforderungen immer weniger gerecht werden. Deshalb entschied sich die Trägerschaft des Rehab, eine gemeinnützige Aktiengesellschaft, für den Bau eines neuen Zentrums. 1998 schrieb sie einen Wettbewerb aus und forderte ausdrücklich einen Neubau, der nicht wie ein Spital aussah.

Das prämierte Projekt von Herzog & de Meuron, das Anfang dieses Jahres unmittelbar neben dem Altbau fertig gestellt worden ist, zeigt in der Tat keines der Merkmale, die manches Krankenhaus von vornherein trostlos erscheinen lassen: Es weist weder lange, innen liegende Gänge noch endlose Liftschächte auf, weder deprimierende, als Wartezonen genutzte Restflächen noch abweisende Stationszimmer; auf eine Trennung der Behandlungs- und Bettentrakte wurde verzichtet. Im Gegensatz zu herkömmlichen Spitalbauten entwickelt sich der Neubau in die Horizontale statt in die Vertikale; dem repetitiven Organisationsprinzip setzt er die erfrischende Vielfalt der räumlichen Gestaltung entgegen. Von innen her wie eine eigenständige, kleine Welt gedacht, ist das Rehab dennoch ein offenes und durchlässiges Gebilde von fliessenden Räumen und subtilen Aussenbezügen.

Ein Pavillon in der Landschaft

Von aussen präsentiert sich das Rehab als ein verhältnismässig flacher, zweigeschossiger Quader. Mit seinen 120 Metern Länge und 90 Metern Breite kann es nicht mit einem Blick erfasst werden; das zurückversetzte Dachgeschoss ist von unten her nicht sichtbar. Das Gebäude besitzt eine tiefe, strukturierte Holzhülle: Die äusserste Schicht bilden horizontal angebrachte Eichenrundstäbe, die unterschiedlich dicht angeordnet sind, je nachdem, ob sie als Balkonbrüstung, Verkleidung oder als Verschattungselemente fungieren. Verbunden sind sie durch matte Plexiglaskugeln, die je nach Lichteinfall beinahe verschwinden oder sich in

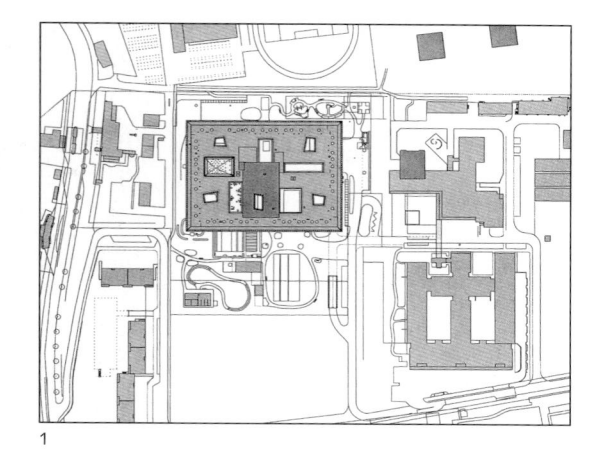

1

1 **Situation**

2 **Fassadenausschnitt: Die tiefe Holzkonstruktion thematisiert**

Transparenz und Verhüllung
(Fotos 2–5: Hubertus Adam)

3 **Eingangshof mit Kulturpflanzen**

4–5 **Therapie- und Wassergarten**

6 **Innenhof von Station 2**
(Foto 6: Ruedi Walti)

archithese 3.02 **65**

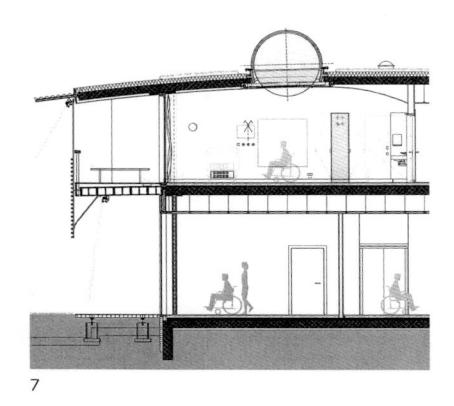

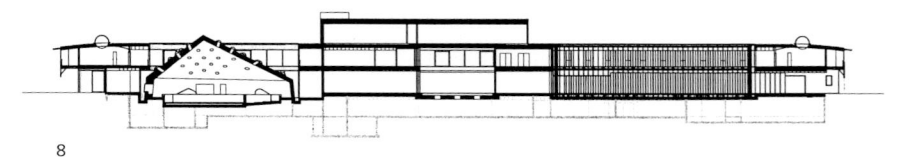

7 **Detailschnitt durch ein Patientenzimmer**

8 **Längsschnitt durch den Badehof mit Bad und den Wassergarten,** 1:1000

9–11 **Grundrisse Dach-, Ober- und Erdgeschoss,** 1:1000

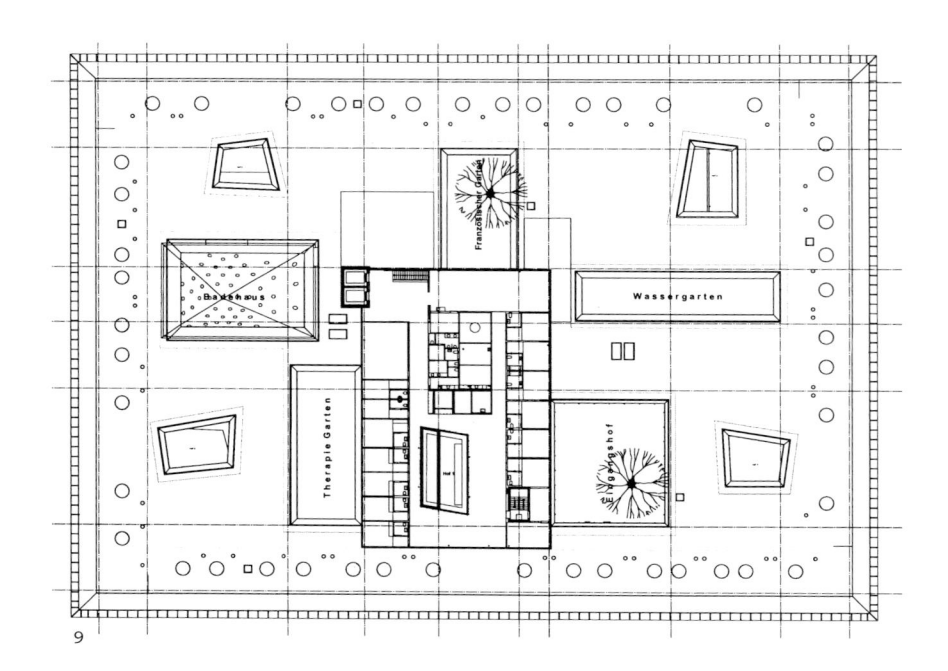

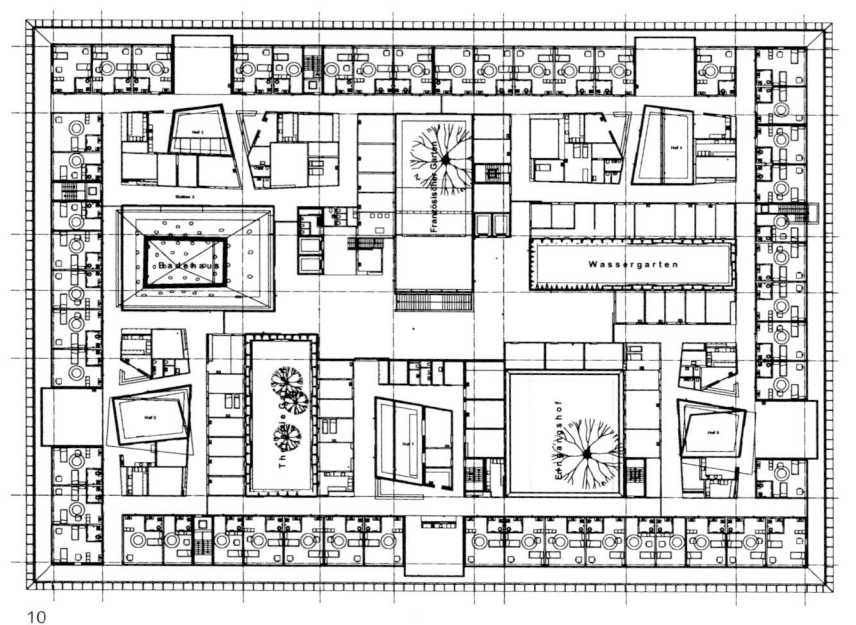

leuchtende Perlen verwandeln. In den Innenhöfen, die teilweise von aussen her betretbar sind, wurden die gleichen Eichenrundstäbe vertikal in zwei Ebenen angeordnet und dienen als Führung für die Sonnenstoren. Die Brüstungen bilden hier perforierte Holzpaneele, deren Struktur einem vergrösserten Pixelmuster ähnelt. Trotz seiner Grösse wirkt das Volumen keineswegs wuchtig. Die feingliedrige, an eine Bambusstruktur erinnernde Fassade und die meditativ-heitere Atmosphäre der Innenhöfe wecken vielmehr Erinnerungen an japanische Pavillons.

In vielerlei Hinsicht fügt sich der Neubau in seine einerseits landwirtschaftlich, andererseits durch Grossbauten geprägte vorstädtische Umgebung ein. Im Erdgeschoss läuft eine eingezogene, mit Holz beplankte Terrasse um das Gebäude herum, sodass es sich räumlich mit der Landschaft verzahnt. Wie der Aussenraum durch Terrasse und Höfe in das Gebäude eindringt, wird es demnächst auch die Vegetation tun: Unter der Leitung des Landschaftsarchitekten August Künzel, der auch die Innenhöfe gestaltet hat, werden nach dem Abbruch des überflüssig gewordenen Altbaus an dessen Stelle und im Westen eine Reihe von Nutz- und Ziergärten entstehen, die das Rehab in die umliegende Kulturlandschaft mit ihren Familiengärten einbinden sollen. Das für die Fassade verwendete Holz ist witterungsbeständig, aber unbehandelt, und wird Patina ansetzen wie die Naturholz-Scheunen der Nachbarschaft.

System von Höfen

Der Neubau definiert sich über die Verbindung von Innen- und Aussenräumen. Anstatt die Anlage in einzelne Baukörper zu unterteilen, haben die Architekten insgesamt zehn Höfe in das flache Volumen hineingeschnitten, um die sich das Innenleben des Rehabilitationszentrums in einer äusserst differenzierten Art und Weise entfaltet. Fünf grosse, über alle Geschosse reichende Höfe gewährleisten die Hauptorientierung innerhalb des Gebäudes – der öffentliche Erschliessungsraum fliesst, weder durch Türen noch Schwellen unterbrochen, offen um sie herum. Die Höfe sind in Form und Grösse unterschiedlich ausgebildet; vier von ihnen sind im Erdgeschoss nach aussen hin offen. In der Längsachse des Gebäudes thematisieren sie das Wasser: Der nordöstlich gelegene Wassergarten bildet eine glatte, spiegelnde Fläche, während der südwestliche Badehof als Einziger ein autonomes Gebäude enthält – das Therapiebad füllt ihn ganz aus, ohne jedoch den Ausblick auf den Himmel zu verhindern. Der unregelmässige, prismatische Block des Bades, aussen mit schwarzer Dachfolie bedeckt und mit Bubble-artigen Oberlichtern unterschiedlicher Grösse übersät, gibt sich unmissverständlich als eigenständiges Objekt zu erkennen. Dagegen wirkt der vollständig mit Holz ausgelegte Therapiehof intim und unberührt.

Die unterschiedliche Gestaltung der Höfe dient indes nicht nur der Orientierung, sondern sie erlaubt

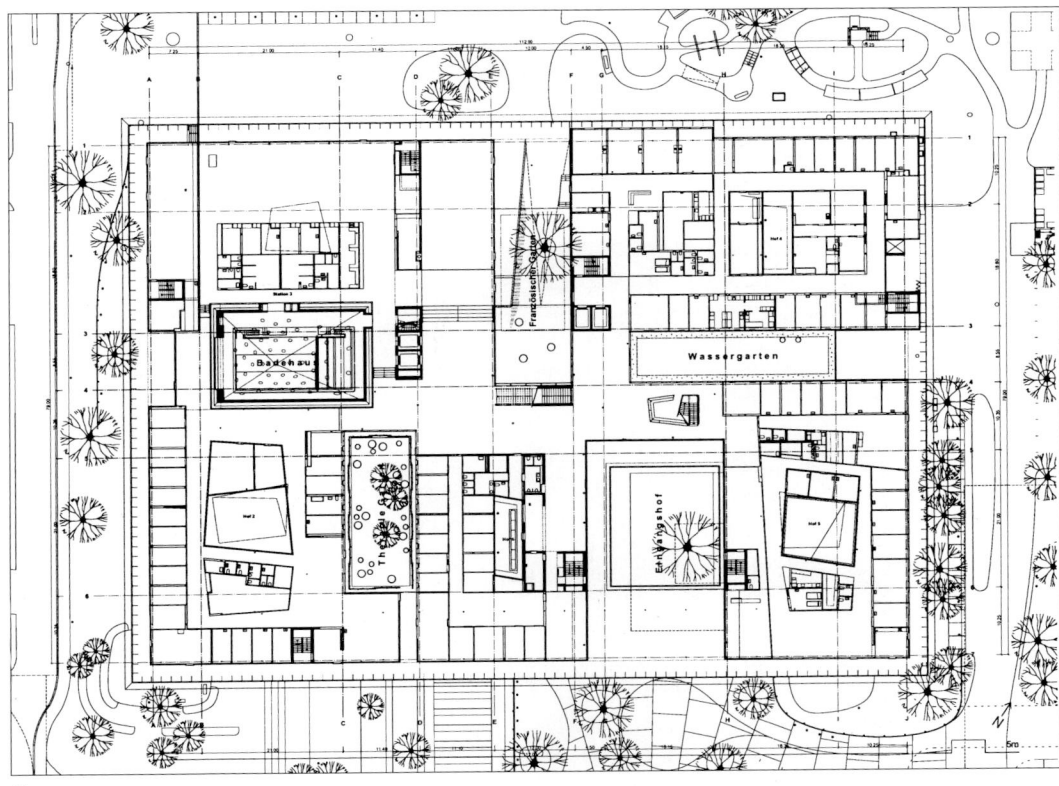

12

12 **Erdgeschoss: Erschliessung und Badehof mit Bad**
(Fotos 12–14: Ruedi Walti)

13 **Patientenzimmer**

14 **Nachtansicht der Aussenfassade: Die kugelförmigen Oberlichter sind die «Augen» der Patientenzimmer**

13

14

auch eine sanfte Infiltration der Aussenwelt in das abgeschirmte Innere des Gebäudes: So weisen im Eingangshof dieselben Kulturpflanzen, die auch auf den Feldern und in den Gärten der Umgebung gezogen werden, auf den lebendigen Kreislauf der umgebenden, domestizierten Natur hin.

Fünf kleinere Höfe – deren vier zumindest teilweise bis ins Erdgeschoss hinunterreichen, während einer nur im Obergeschoss in Erscheinung tritt – bilden die Feingliederung des Gebäudes: Um sie herum organisieren sich die fünf Stationen der Klinik. In Gegensatz zu den rechteckigen Haupthöfen besitzen die kleinen Höfe eine unregelmässige Geometrie. Dadurch baut sich eine diskrete Spannung zwischen Regel und Bruch auf, die sich auch andernorts im Neubau offenbart – etwa in der freien Anordnung der Stahlstützen im Erdgeschoss, die die strenge Orthogonalität der grossen Empfangsräume sanft relativiert.

Günstiger Luxus
Das Rehabilitationszentrum ist horizontal gegliedert. Im Erdgeschoss befinden sich neben der Rezeption und der Cafeteria verschiedene Therapieräume, das Therapiebad sowie das Ambulatorium, die Tagesklinik und die Überwachungsstation. Im Obergeschoss sind fünf Pflegestationen untergebracht – zwei für Querschnittgelähmte, zwei für Hirnverletzte und eine Komastation mit insgesamt 84 Betten –, als deren Zentrum jeweils ein kleiner Hof fungiert. Um diesen Hof herum gruppieren sich die Stationsküche und die geschlossenen Räume des Stationsbereichs; die Stationszimmer dagegen worden in Form eines offenen, dem Hotelbau nachempfundenen Empfangs gestaltet. Die Patientenzimmer und das zu jeder Station gehörige Wohnzimmer sind an der Fassade angeordnet. Im Dachgeschoss schliesslich befinden sich Konferenz- und Gruppenräume sowie Hotelzimmer für Besucher und Wohnungen, in denen Patienten das selbständige Wohnen proben können.

Zusätzlich zu den Höfen erleichtert die fein abgestufte Materialgestaltung die Orientierung innerhalb der Station. Im Bereich der Patientenzimmer etwa ist die Wand mit einer lackierten Jutetapete bezogen, die sich diskret vom weissen Abrieb der anderen Wände abhebt. Die Patientenzimmer selbst – Ein- und Zweibettzimmer – sind mit modernster Technik ausgerüstet und den Bedürfnissen von weitgehend bewegungsunfähigen Patientinnen und Patienten angepasst: Die Öffnung der Vorhänge und des Oberlichtes ist vom Bett aus steuerbar, zum Teil auch über ein Infrarotauge, was es auch Tetraplegikern gestattet, ihre Umgebung mitzugestalten. In der gewölbten, holzverkleideten Decke öffnet sich ein als grosse Kugel ausgebildetes Oberlicht, welches gleichsam das Auge des Zimmers bildet und den Blick in den Himmel freigibt. Die Fassadenfront der Zimmer ist verglast; eine vorgelagerte Terrasse bietet Platz für zwei Betten, Vorhänge und textile Sonnenstoren ermöglichen eine Feinregulierung des Sonnenlichteinfalls. Die Nassräume sind wie die Vorhänge in kräftigen Farben gehalten, die im sonst sehr zurückhaltend gestalteten Gebäude leuchtende Akzente setzen.

Auffallend im ganzen Gebäude sind die Grosszügigkeit, Vielfalt und Helligkeit der Räume, die alle, insbesondere aber die Erschliessungszonen, sorgfältig komponierte Ein- und Ausblicke erlauben. Das Rehab offenbart räumliche Qualitäten, die vergleichbare Spitalbauten im Allgemeinen vollständig entbehren: Es ist nicht nur ein Ort, der medizinische Versorgung und Pflege gewährleistet, sondern es stellt auch einen adäquaten Lebensraum dar für Patientinnen und Patienten mit ganz spezifischen Bedürfnissen – und für deren Angehörige: einerseits geschützt und abgeschirmt, andererseits aber offen und anregend. Doch trotz dieser geradezu luxuriös wirkenden Fülle an schönen Räumen ist der Bau günstiger ausgefallen als viele vergleichbare Projekte im Gesundheitsbereich: Die Architekten wählten bewusst günstige Materialien, die erst durch die Wirkung des gesamten Gebäudes nobilitiert wurden – und zeigten im gleichen Zuge auf, dass eine beispielhafte architektonische Lösung keineswegs mit Abstrichen im Bereich der Funktionalität oder der Finanzierung verbunden sein muss. Im Gegenteil.

Judit Solt

Architekten: Herzog & de Meuron, Basel; Mitarbeit: Arndt Becker, Christine Binswanger, Nandita Boger, Lukas Bögli, Erich Diserens, Raphel Forny, Michael Frei, Mathias Frey, Diana Garay, Stefan Hauswirth, Jacques Herzog, Detlef Horisberger, Jürgen Johner, Andras Künzi, Lukas Kupfer, Niels Lofteroed, Orna Marton, Sacha Marchal, Mario Meier, Pierre de Meuron, Christine Moser, Camilo Rebelo, Stephan Rüegg, Philippe Schaerer, Ivo Sollberger, Peter Taylor, Camillo Zanardini; Gesamtprojektleitung: Hardegger Planung & Projekt Management, Zürich; Bauleitung: Proplaning AG, Basel; Tragwerkplanung: Ingenieurgemeinschaft ARGE Pauli Frei Zachmann, Basel; Landschaftsplanung: August Künzel, Binningen; Spitalplanung: Hardegger Planung & Projektmanagement, Zürich; Akustikplanung: Martin Lienhard, Langenbruck; Heizungs- und Lüftungsingenieur: Sulzer Energieconsulting AG, Liestal; Elektroingenieur: Amstein & Walthert AG, Zürich; Sanitätingenieur: Bogenschütz AG, Basel; Auftraggeber: Rehab Basel AG; Nutzer: Zentrum für Querschnittgelähmte und Hirnverletzte, Schweizerisches Paraplegikerzentrum

Architektur aktuell
Alberto Campo Baeza: Caja General de Ahorros de Granada, Granada, 1992–2001
Texte français pp. 62–63

Belichtete Kuben

An den Outskirts von Granada wurde im Vorjahr ein nicht nur für die Stadt, sondern für Andalusien insgesamt bedeutsamer Bau fertig gestellt. Der Madrider Architekt Alberto Campo Baeza antwortet auf ein äusserst heterogenes Gebiet mit der autonomen Form des Würfels und greift dabei auf klassische architektonische Topoi zurück. Die Architektur zieht sich gleichsam auf sich selbst zurück und entwickelt erst im Inneren einen spezifischen Charakter.

Eine Reise durch Andalusien führt jene Problematik anschaulich vor Augen, die bis zu einem gewissen Grad die gegenwärtige Architekturdiskussion bestimmt: die unkoordinierten Entwicklungen an den ausfransenden Rändern der Städte. Urbane Randzonen entwickeln sich im Süden Spaniens vehement; neben der Analyse ist also die Lösung für den konkreten Fall gefragt. Campo Baeza gibt mit dem Hauptsitz der *Caja General de Ahorros de Granada* eine nachgerade klassische Antwort mit Referenzen, die an die Geschichte anknüpfen. Die aktuelle Orientierung am Prozesshaften sowie neuerdings in die Architektur integrierte Themen wie *fashion* und *branding* werden ignoriert.

Wie ein erratischer Block steht der Bau in einem Gebiet, das von breiten Ausfallsstrassen, postmodernen Wohnhäusern, brachliegenden Wiesen, aber auch grossen Bürokomplexen diverser Institutionen geprägt wird. Der Bau wirkt zunächst abweisend; umso erstaunlicher ist dann die grosse räumliche Geste in seinem Inneren.

Kubus auf Plattform

Das Bild von Granada wird auch heute noch von der Alhambra beherrscht, obwohl oder gerade weil diese etwas entrückt auf einem Hügel über der Stadt liegt. Die Tradition wirkt hier – im Gegensatz zu anderen spanischen Städten – noch immer hemmend. Granada besitzt eigentlich drei Symbole: die Alhambra, die Sierra Nevada und eben die *Caja General de Ahorros de Granada* als mächtige Bank. Dennoch entstand der prominente Neubau des Hauptsitzes nach einem Wettbewerb im Jahr 1992 nicht im Zentrum der Stadt, sondern an der südlichen Peripherie. Der autonome Charakter des grauen Würfels ist durch die künstliche Plattform, die eine Art Präsentationstablett darstellt, zusätzlich verstärkt; auch die Neigung des Geländes wird dadurch ausgeglichen. Doch es entsteht ein vexierendes Bild, bei dem je nach Blickwinkel der helle Kubus aus den Wiesen und Strohballen ragt und so die Divergenz des Gebietes vor Augen führt oder mit der hellgrauen Plattform in völliger abstrakter Künstlichkeit aufgeht. Der graue Kubus wirkt abweisend und strahlt zugleich Ruhe aus. Diagonal konzipiert, bilden die Seiten gegen Norden geschlossene, plane Flächen, die nur von schmalen, horizontalen Fensterbänder fein durchlöchert werden. Gegen Südosten und -westen tritt der mächtige Betonrahmen stärker in Erscheinung, denn hier umfasst er ein Quadratraster mit tief zurückliegenden Fenstern. Licht ist hier im Überfluss vorhanden, und so wirken die Südfassaden wie *brise-soleil*.

Die rüde und auf den ersten Blick simpel wirkende Komposition reiht sich in den zeitgenössischen spanischen Minimalismus ein. Zugleich reichen die Referenzen des strengen Baukörpers mit dem Raster der quadratischen Öffnungen vom Madrider Gewerkschaftsbau der Vierzigerjahre über Aldo Rossi bis in die Gegenwart – zu denken wäre an Max Dudler oder Diener & Diener. Die Referenzen mögen sich bis zu faschistischen Tendenzen verzweigen, doch gerade dazu bestehen essenzielle Unterschiede. Ausschlaggebend ist in diesem Zusammenhang das Fehlen jeglicher Axialität. Der Fassadenraster präsentiert sich als eben solches, gleichwertig in allen Richtungen, überlagert durch eine diagonale Konzeption. Diese prägt das Atrium, wobei räumliche Komposition und Lichtführung aufeinander abgestimmt sind.

Differenziertes Inneres

Man betritt den Bau über einen unauffälligen Eingang an der Seite. Der Blick wird diagonal ins Atrium geführt, dessen Weite zunächst erstaunt. Vier überdimensionale Säulen – der Architekt führt als Inspiration die monumentalen Pfeiler der Kathedrale von Granada an – verleihen dem Raum eine eindrückliche, nicht aber erdrückende Monumentalität. Entscheidend dafür ist nicht nur die diagonale Komposition, sondern auch ein kaum merkliches Verschieben der Elemente im Grundriss, sodass die eindeutige Geometrie des Äusseren im Inneren aufgehoben ist. Die quadratische Stellung der Stützen ist leicht aus der Mitte gerückt, die Quadrat-

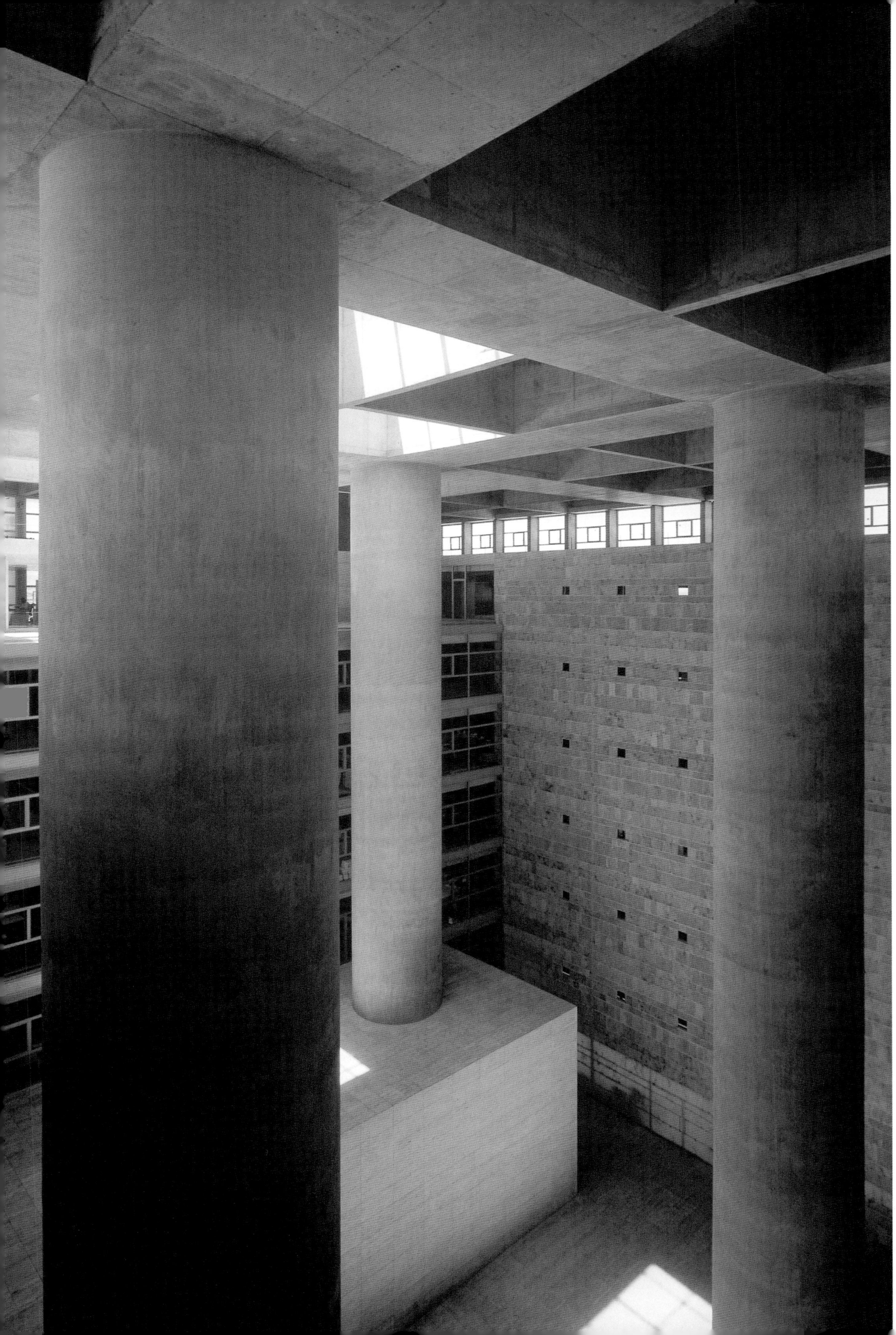

1

2

1 **Atrium**

2 **Südwestecke**

3 **Ansicht mit Blick auf die Sierra Nevada**
(Fotos: Fernando Alda)

4 **Direktionsebene**

form des Atriums viel stärker; und schliesslich befinden sich die winkelförmigen Oberlichter aussermittig in der Decke. Die Eingangsebene wird über die seitliche kleine Box des Auditoriums zusätzlich differenziert – wohl auch, um die Dimension dieses Geschosses zu reduzieren. Der Vorsprung, den diese kleine Box bildet, verstärkt zudem die Staffelung der Innenfassade und damit die diagonale Raum- und Lichtkomposition im Schnitt, die ein durchgehendes Thema im Werk Campo Baezas darstellt.

Ähnlich wie die äusseren sind auch die inneren Fassaden diagonal konzipiert – zwei als geschlossene, im Licht aber changierende und sich daher als dünne Haut artikulierende Alabasterflächen, zwei als transparente Glaswände. Einmal mehr wird damit ein zentrales architektonisches Thema der Neunzigerjahre fortgeführt: der Gegensatz von Immaterialität und Massivität.

Eine mächtige Dachkonstruktion greift schliesslich den Fassadenraster auf. Ein frühes Modell des Projektes zeigte eine völlig gleiche Behandlung von Fassaden und Dachfläche, und der Kubus schien gleichmässig und fein durchlöchert, nur mit massiven Streifen an den Rändern. Blickt man jetzt zur Decke, vermittelt sich aufgrund der offenen und geschlossenen Felder ein differenziertes Bild, verstärkt durch die schmalen nicht-tragenden und die breiten tragenden Elemente. Die konzeptionelle Vergleichbarkeit von Fassaden und Dachflächen führt am Ende doch zu unterschiedlichen Resultaten, die im obersten Geschoss aufeinander treffen. Hier liegt die Präsidenten- und Vorstandsebene mit ihrem überragenden Ausblick. Die einzelnen Volumina des Inneren wurden selbständig konzipiert – daher der Luftraum zwischen den vertikalen Raumtrakten und der Dachkonstruktion. Auf diese Weise entsteht eine zwei Geschosse hohe Foyerzone, ein weiter, hoher und betont offener Raum. Fassaden- und Dachkonstruktion definieren diesen und vereinen aufgrund ihrer Tiefe Offenheit und Geschlossenheit der Raumbegrenzung. Zugleich steht man unmittelbar neben den mächtigen Stützen, die plötzlich ihre aussergewöhnliche Höhe verloren haben. Erst wenn man ins Atrium hinunterblickt, kehrt diese Dimension zurück. Der Eindruck wird gewissermassen verkehrt, indem man entlang der Stützen hinunter- und nicht mehr hinaufblickt. Jørn Utzon gratulierte dem Architekten zum Entwurf und den 33 Meter hohen Säulen mit den Worten, seine eigenen in Kuwait wären nur 26 Meter.

Stereotomisch und tektonisch

Als begnadeter Lehrer erläutert Campo Baeza auch seine eigenen Projekte und liefert neben Texten immer wieder schematische Skizzen. Auf diese Weise erklärt er die grundsätzlichen Ideen dieses Baus, die einfach scheinen und am Ende aus einer Komplexität resultieren, welche sogar gewisse Widersprüche in sich birgt. Die Konstruktion stellt eine H-Form dar, die sich aus einer massiven Basis, den Stützen und der Dachkonstruktion zusammensetzt. Seitlich sind dann die Bürotrakte angefügt, mit der deutlichen Fuge zum Dach. So ein-

3

4

5

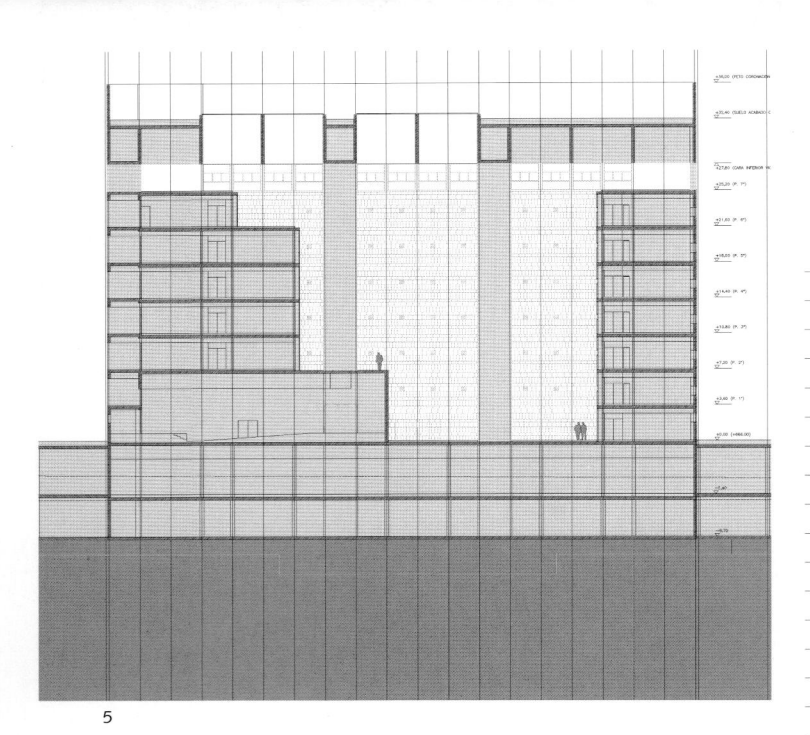

5–8 **Grundrisse Erdgeschoss, Regelgeschoss und 6. Obergeschoss sowie Schnitt** 1:750

9 **Schematische Skizze der ersten Entwurfsphase**

10 **Lage in der Stadt**
A Alhambra
B Kathedrale
C Caja General de Ahorros de Granada

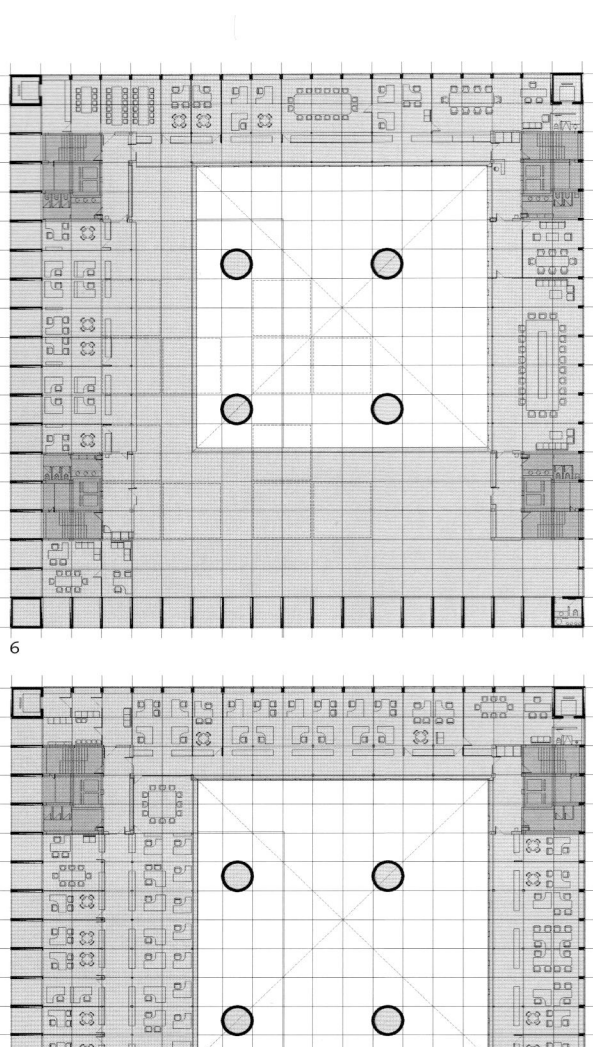

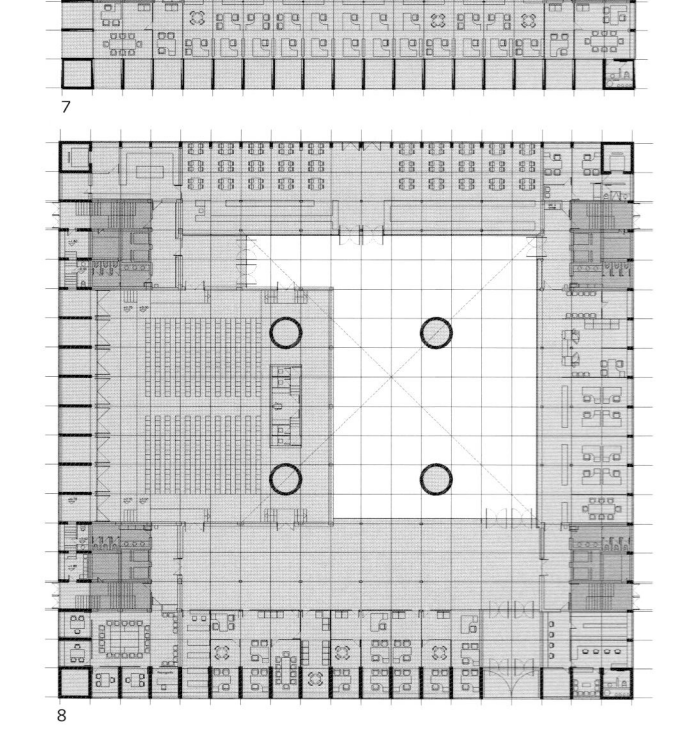

6

7

8

9

10

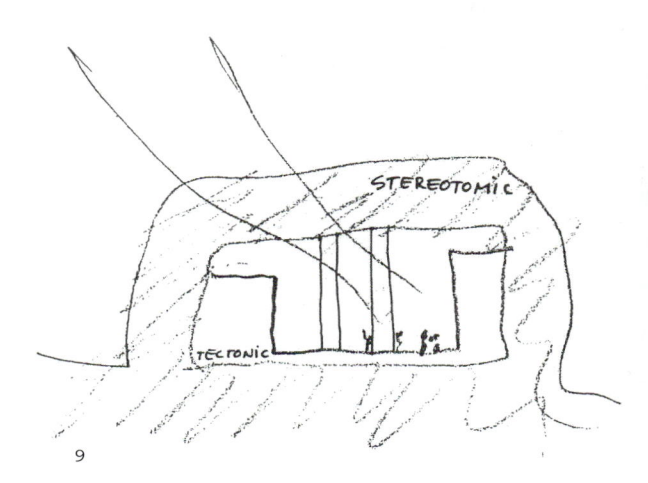

leuchtend dieses Konzept erscheint, unterscheidet es sich doch von einer Skizze, bei der eine massive Hülle, die als «stereotomisch» bezeichnet ist, sich mit den Stützen verbindet. Eingefügt sind wieder die Büroboxen, die im Gegensatz dazu als «tektonisch» apostrophiert werden. Mit diesem antithetischen Konzept orientiert sich der Architekt erklärtermassen an einer von Kenneth Frampton verwendeten Begrifflichkeit. Campo Baeza spielte in seinen jüngeren Projekten immer wieder mit dem Gegensatz von Stereotomie und Tektonik, und die Bank in Granada stellt die monumentale Realisierung dar.

So eindrucksvoll der realisierte Bau ist, hinsichtlich der Umsetzung der antithetischen Begriffe stösst man auf Uneindeutigkeiten. Handelt es sich im einen Fall um das Thema der «druckfesten Masse», wofür die Pyramiden Ägyptens als paradigmatisch gelten können, so lässt sich im anderen Fall von einer «Poetik der Konstruktion» sprechen. Betrachtet man den Bau in Granada, so macht die äussere Hülle zwar einen massiven Eindruck, dennoch erscheint sie rasterartig aufgelöst. Massiv sind natürlich die mächtigen Stützen samt ihren Verbindungen an den Enden, dennoch handelt es sich dabei um lasttragende Stützen. Was nun die Tektonik betrifft, basieren die Bürotrakte zwar auf einer leichten Skelettkonstruktion, doch der Eindruck ist insofern ambivalent, als die Alabasterhaut die Konstruktion verbirgt und eine «changierende Massivität» erzeugt. Insgesamt kann man von einem konstruktiven System sprechen, bei dem das Prinzip der Lastübertragung auf abstrakte Weise vor Augen geführt wird.

Ein Impluvium des Lichts

Campo Baeza baut seine Entwürfe immer wieder auf primären geometrischen Formen auf, wobei die Box eine zentrale Rolle spielt. In Granada nimmt der äussere Kubus verschieden grosse Boxen in sich auf, insbesondere die immaterielle des Atriums mit dreissig Metern Seitenlänge. In den Entwürfen werden immer wieder stereometrische Formen kombiniert, deren elementare Geometrie im Inneren in eine differenzierte Räumlichkeit aufgelöst wird. Exemplarische Beispiele für die Einbeziehung des Zylinders sind die Schulen in Madrid-San Sebastián de los Reyes (1983) und Madrid-San Fermín (1985). Wenn im zweiten Fall ein Zylinder aus Glasbausteinen einen langen Backsteinriegel mittig durchdringt, so entsteht an dieser Stelle ein räumlich interessantes Treppenhaus, das die prinzipielle Strenge konterkariert. Und wieder fällt direktes Licht durch Oberlichter schräg ins Foyer.

Campo Baeza spricht im Zusammenhang mit der Bank vom «Impluvium des Lichts» und rekurriert damit auf eine seiner zentralen Passionen – dies im Süden, wo das Licht eine andere Rolle spielt als in nördlicheren Regionen. Nötig ist hier besonders Schutz vor dem Licht, das im Überfluss vorhanden ist. Bei schönstem Wetter isst man in beinahe schummrigen Räumen zu Mittag, und der Patio stellt als kühler, geschützter und privater Aussenraum ein zentrales Element der Bautypologie dar. Das mächtige lichtgeschützte als auch lichtdurchflutete Atrium der Caja General de Ahorros fügt sich in diese Tradition. Andererseits trifft man im Œuvre von Campo Baeza immer wieder auf den hellen, strahlenden Kubus. Anfang der Neunzigerjahre baute er in Cádiz das Haus Gaspar sowie eine öffentliche Schule direkt am Meer. Wieder wird äussere Hermetik mit innerer Öffnung kombiniert. Raum- und Lichtfluss greifen ineinander, zum Teil wieder diagonal, die kalkulierten Öffnungen verstärken den skulpturalen Charakter der strengen Kuben, die im heissen Süden doch ganz anders wirken als im Norden.

Margit Ulama

Architekt: Alberto Campo Baeza, Madrid; Mitarbeiter: Felipe Samarán; Tragwerksplanung: Andrés Rubio Morán; Auftraggeber: Caja General de Ahorros, Granada

archithese 3.02 **75**

Architektur aktuell
LOST Architekten: Wohnhaus am Blauen, 1999 – 2002

Turmzimmer mit Flügeln

Im ländlichen Einfamilienhausquartier Therwil, einer Vorortgemeinde von Basel, sind in jüngster Zeit eine Reihe ungewöhnlicher Wohnhäuser entstanden. Das Haus am Blauen gibt sich zurückhaltend und entfaltet durch den Bezug auf den Aussenraum erst im Inneren seine Wirkung. Es bricht mit den herkömmlichen Strukturen der Umgebung und folgt in seiner Disposition einem eigenen Programm. Damit bietet das vielansichtige Gebäude nicht nur eine schöne Aussicht, sondern nimmt die Landschaft zum Ausgangspunkt der gesamten Konzeption.

1

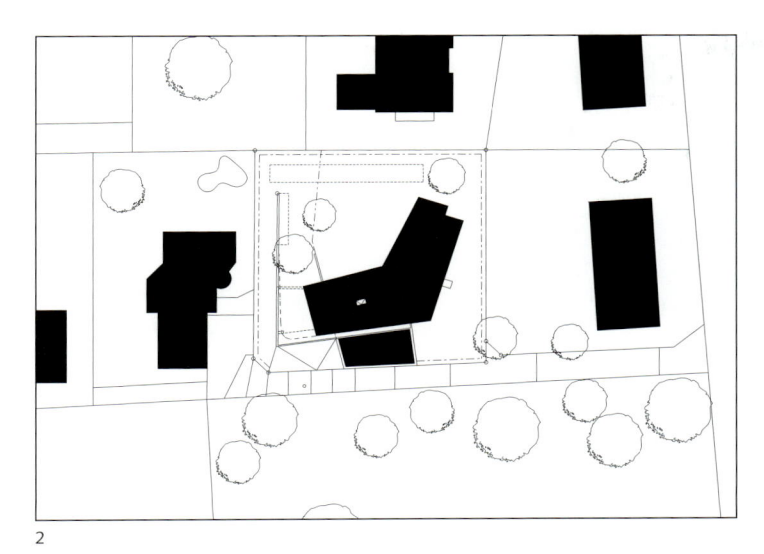

Das Einfamilienhaus der LOST Architekten (Dietrich Lohmann und Christoph Standke) nahm einen für derartige Bauaufgaben ungewöhnlichen Anfang: Die jungen Bauherren luden im Mai 1999 drei Architekturbüros zu einem Ideenwettbewerb ein. Während die beiden anderen Büros auf dem steil abfallenden Terrain einen Riegel mit der Aussicht nach Süden entwarfen, war den Basler Architekten von Beginn an klar, dass die vielfältigen Blickbeziehungen sowie der Wunsch, ein offenes und zugleich intimes Haus bei maximaler Grundstücksausnutzung zu erhalten, in Gestalt und Anlage des Hauses eingehen sollten. Schon ein sehr früher Entwurf zeigt die Idee des Einzäunens mittels Architektur. Im Norden und Osten wurde ein geknickter lang gezogener Baukörper um den Garten gelegt. Zwecks Vergrösserung der nutzbaren Gartenfläche um etwa zwanzig Prozent platzierten die Architekten die Doppelgarage an der tiefsten Stelle der Parzelle, wodurch sich das Untergeschoss wie ein geologischer Geländeaufschluss aus dem Terrain herausschiebt. Dadurch ergab sich die gesamte Erschliessung des Gebäudes. Das Konzept vermochte die Auftraggeber zu überzeugen, denn es entstand ein auf den ersten Blick eingeschossiges Haus mit zwei verschiedenen Nutzungsebenen, die jedoch räumlich miteinander verwoben sind: das in Sichtbeton gebaute, sich über den Hof zur Strasse hin öffnende Untergeschoss und das in Mauerwerk erstellte, glatt verputzte, auberginefarbene Haus mit seinem geneigten Kupferdach.

Zwei Flügel im Winkel

Man betritt das Haus von unten und gelangt in einen grosszügigen Raum, der im Osten auf seiner ganzen Breite von dem ins Erdreich eingeschnittenen Hof über eine Glasfront belichtet wird. Hof und Eingangsraum verschmelzen zu einem räumlichen Ganzen, entwickeln aber durch ihre verschiedenartige Materialität jeweils eine eigene Identität. Glatte Sichtbetonwände im Inneren mutieren aussen zu einer grob gestockten Oberfläche, der rosafarbene homogene Hartbetonboden geht in gebrochenen graurotem Granitsplit über.

1 **Gartenansicht von Westen mit Loggia vor dem Wohnraum**
(Fotos: Serge Hasenböhler)

2 **Situationsplan**

3 **Südostansicht vom unteren Teil des Grundstücks aus**

6

4

5

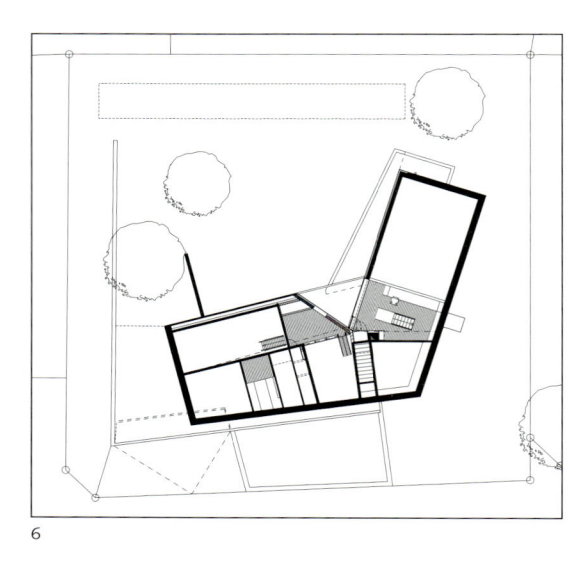

Was noch von der Garage aus gesehen einem massiven Sockel gleicht, wird im Entree selbst zu einem luftigen Freiraum. Das Haus scheint hier zu schweben, abgestützt zur einen Seite auf die Garage und zur anderen auf die Geländekuppe. Dieser nur durch den hineingestellten Kubus der Sauna unterteilte Raum ist den Durchgangszonen alter Bauernhäuser vergleichbar, in denen früher wie beim Sulér des Engadiner Hauses die Halle als Wagendurchfahrt und Abstellraum benutzt wurde. Auch hier dient der Eingangsraum unterschiedlichen Zwecken. So finden sich neben einem Velo zwei Ruhebänke für die Pausen zwischen den Saunagängen. Während der fliessende Übergang zwischen Innen und Aussen beim Engadiner Haus durch denselben Pflasterbelag erzeugt wird, stellen die Architekten diese Verbindung über die Transparenz her.

Am Ende des Eingangsbereichs liegten die begehbare Garderobe aus braunen MDF-Platten und der offene Treppenraum, über den die von der Deckenplatte wie auf einem Tablett getragene Wohnebene erschlossen wird. Die Treppe bildet dabei das Scharnier, an dem sich die beiden gespreizten Gebäudeflügel verzahnen, wobei neben der horizontalen auch eine vertikale Verschränkung stattfindet, wenn sich der um zwei Stufen erhöhte südliche Schlaftrakt in den Wohnbereich schiebt. Als Klammer der räumlichen Anordnung dient die Küche, was das fassadenbündig um die Ecke geführte Fensterband aus Metall andeutet. Sie ist dem alten Modell der Wohnküche entsprechend die Schaltstelle des Hauses und mit allen Räumen verbunden. Selbst das Untergeschoss ist über eine Öffnung im Treppenraum einsehbar. Von hier aus wird der bis unters Dach offene Wohnraum ebenso erschlossen wie das auf der Galerie gelegene Arbeitszimmer, das über eine in den Küchenschrank integrierte schmale Holztreppe erreichbar ist. In Eiche gestaltet, bildet der Kubus des Treppengehäuses mit der im gleichen Material konzipierten Bibliothek eine Einheit und funktioniert gleichzeitig als deren Ablagefläche.

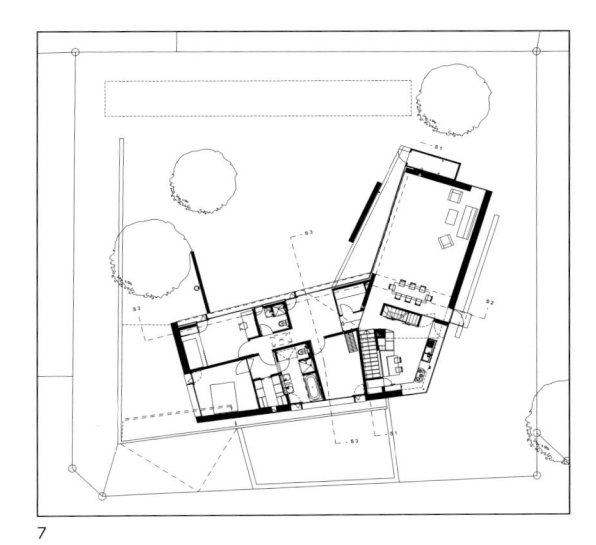

Dieses neuzeitliche Turmzimmer ist genau im Knick der beiden Flügel angeordnet, deren Schnittfläche sich aussen als dreieckige, nicht begehbare Terrasse ins Dach schneidet.

Perspektiven in die Umgebung

Im südlichen Flügel dagegen wurden die Zimmer nicht übereinander geschichtet, sondern nebeneinander an einen Gang gereiht. Vielleicht ist hier die Raumaufteilung der Moderne ein wenig Vorbild gewesen, haben doch LOST Architekten zu Beginn ihrer Tätigkeit eine Villa von Salvisberg in Riehen renoviert. Die Grösse und Orientierung der Schlafzimmer richtet sich nach den Fenstern, welche die gesamte Raumbreite einnehmen und durch eine jeweils andere Aussicht verschiedene räumliche Qualitäten ausbilden. Östlich des Gangs ragen sie bis unters Dach und erlauben ein grosszügiges Raumerlebnis, das sich bis ins Bad weiter fortsetzt. Der Belag des Bodens ist im Schlaftrakt in dunklerem Rot eingefärbt als im Rest des Hauses. Wegen der starken Farbe strahlt der Boden auf die weissen Wände ab und schafft je nach Tageslicht unterschiedlich starke Farbräume. Ein ähnlicher Effekt tritt bei den blau gekachelten Duschen auf, die wie alle zusätzlichen Räume, das Kleiderzimmer oder die Garderobe vollständig ausgekleidet wurden.

Von aussen erschliesst sich das Haus erst beim Umschreiten. Während sich einerseits der Eindruck eines klassischen Bauklötzchenhauses durch den deutlich abgegrenzten Sockelbereich und das bündig abschliessende Kupferdach einstellt, wirkt das Haus andererseits auf der Gartenseite wie ein horizontales Landhaus mit grossen Glasfenstern. Durch die Bedachung der Terrasse des westlichen Flügels und der auskragenden Bodenplatte des südlichen Flügels, die gleichzeitig als Sitzbank dient, werden horizontale Schichtungen ablesbar, zwischen denen die Räume eingespannt sind. Gleich einem Film blitzen in der Vielansichtigkeit des Gebäudes immer wieder Bilder von verschiedenen Haustypen auf, seien es das städtische Reihenhaus gegen die Strasse, der Container auf der grünen Wiese oder das eben genannte Landhaus zwischen Obstbäumen. Zusammengehalten werden diese unterschiedlichen Seiten des Hauses mittels der einheitlichen Farbgebung. Im Inneren übernehmen diese Funktion die Treppe, vor allem die Aus- und Einblicke. Denn aus den Blickachsen heraus wurde das gesamte Haus entworfen. Um den bestmöglichen Ausblick für alle Zimmer zu erhalten, sind die beiden Flügelbauten im schiefen Winkel zueinander aufgeklappt und schaffen so zahlreiche Durchblicke, wodurch der Garten zum zentralen Kommunikationsort wird. Ähnlich dem Louis-Kahn-Haus Fisher in Hatboro, Pa. (1960–1967), konzipierten LOST zwei voneinander abgewinkelte selbständige Kuben, die unterschiedliche Funktionen – Wohnen und Schlafen – getrennt enthalten. Kahn leitete die Vielansichtigkeit und die «society of rooms» von seinen städtebaulichen Entwürfen für Dakar ab, wohingegen sich bei den Basler Architekten immer wieder die Bezüge zur Landschaft ausmachen lassen. So prägen vielmehr die Blickachsen vom Innen- in den Aussenraum den Charakter des Hauses als die verschiedenen Bilder von dem, was ein Haus sein kann. Letzteres lässt sich nur noch im Innenraum durch die Neuinterpretation bekannter Raumtypologien erahnen, wie des Turmzimmers, der Wohnküche oder des Vorraums von Bauernhäusern.

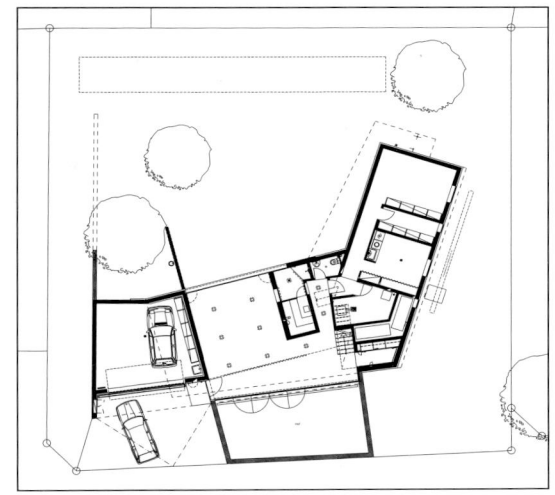

Lilian Pfaff

Architekten: LOST Architekten, Basel/Dietrich Lohmann, Christoph Standke; Mitarbeit: Moritz Marti; Tragwerksplanung: Hans Peter Frei; Haustechnik: Büro Wenger & Ott, Basel

4 **Aufgang zur Galerie, Treppe in den Küchenschrank eingebaut**

5 **Blick vom Eingang zu Treppe und Garderobe; links die Sauna**

6–8 **Grundrisse Untergeschoss, Erdgeschoss sowie Obergeschoss**

Erfolgreiche Architekten bauen auf den VIP CAD-Service:

Eine CAD-Software ist nur so gut wie der Service, der dahinter steckt. Deshalb hat V+Z das neue VIP ServicePack geschaffen, das keine Wünsche offen lässt. Für alle Autodesk-Anwender und solche, die auf den globalen CAD-Standard umsteigen wollen. Damit alles rund läuft und Sie mehr Zeit haben für intelligente Architektur.

Das VIP ServicePack gibt es für jede Betriebsgrösse. Sie verfügen damit über einen Komplett-Service, der anspruchsvolle Lösungen miteinschliesst. Zum Beispiel Sicherheitskonzepte, Netzwerkprojekte oder die reibungslose Datenkonvertierung mit Partnerfirmen. Beim VIP ServicePack kommen Sie in den Genuss von Vorzugspreisen und profitieren vom bekannten V+Z-Know-how. Senden Sie uns die Antwortkarte, und erleben Sie, wie einfach und sicher ein Umstieg sein kann.

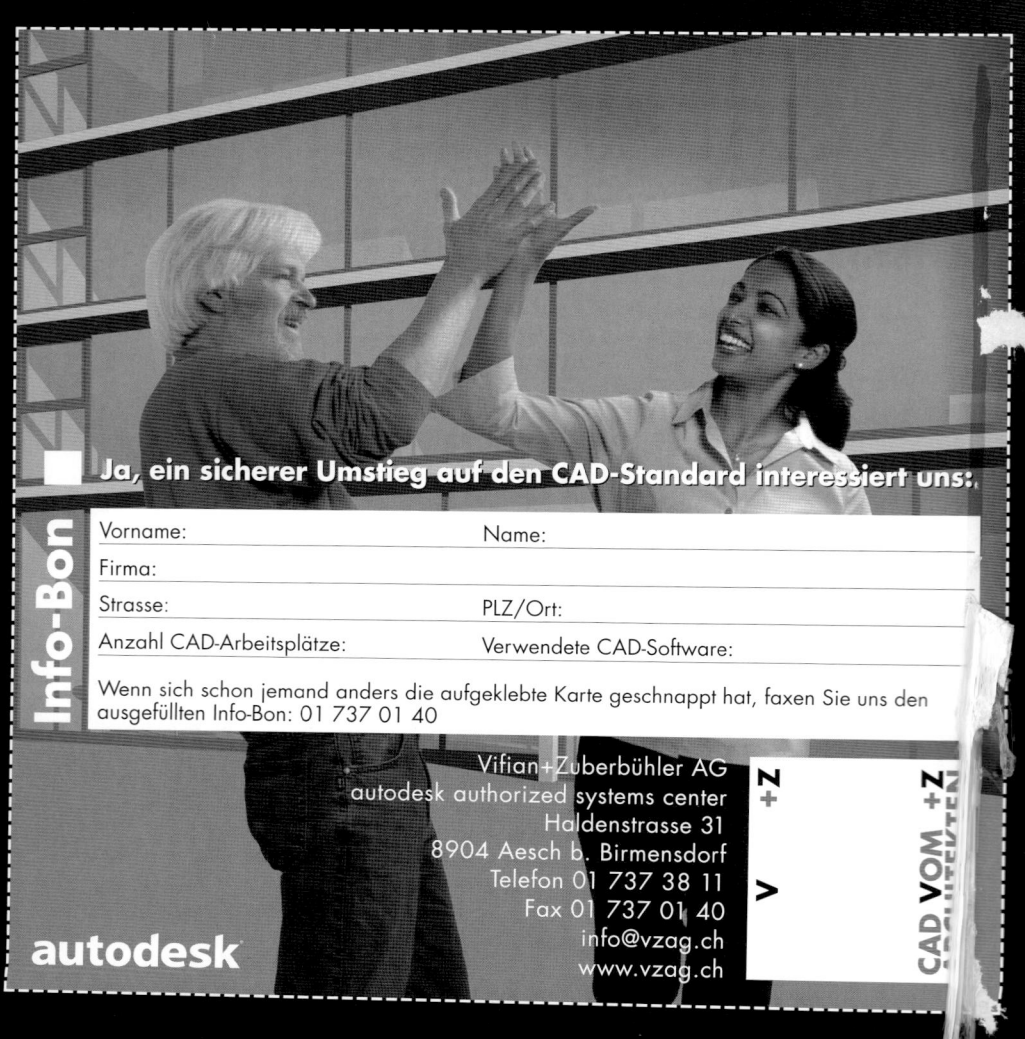

VIP ServicePack

■ Ja, ein sicherer Umstieg auf den CAD-Standard interessiert uns:

Info-Bon

Vorname: Name:

Firma:

Strasse: PLZ/Ort:

Anzahl CAD-Arbeitsplätze: Verwendete CAD-Software:

Wenn sich schon jemand anders die aufgeklebte Karte geschnappt hat, faxen Sie uns den ausgefüllten Info-Bon: 01 737 01 40

Vifian+Zuberbühler AG
autodesk authorized systems center
Haldenstrasse 31
8904 Aesch b. Birmensdorf
Telefon 01 737 38 11
Fax 01 737 01 40
info@vzag.ch
www.vzag.ch

autodesk

V+Z CAD VOM ARCHITEKTEN

Leserdienst 137

AutoCAD in Bestform. Von V+Z.

Bücher
«Um 1800» als Reprint

Wider den Ungeschmack

«Und – Hand aufs Herz, verehrte Leser – wem ist heute der Name Paul Mebes, des Autors selbst, noch ohne weiteres geläufig?» In den Nachbemerkungen «um 2000» zum Reprint des seinerzeit sehr einflussreichen und heute in Form eines bestausgestatteten Nachdrucks geadelten Architekturkulturbuches *Um 1800* stellt Ulrich Conrads diese Frage zu Recht. Paul Mebes, der Architekt von vorbildlich reformerischen Wohnbauten für den Beamten-Wohnungs-Verein zu Berlin; Paul Mebes, der Assoziierte seines Schwagers in der Architekturfirma Mebes & Emmerich. Wir werden hier nun allerdings erinnert an Paul Mebes, der als Architekturdidaktiker um 1900 einen bedeutenden Diskussionsbeitrag lieferte – in einer Zeit mithin, da man, den stilistischen Unsicherheiten um 1900 noch keineswegs entronnen, doch auf eine Ahnung des Kommenden vertraute. Mebes forderte, beim ersten Erscheinen seines Buches im Jahr 1908 wohlgemerkt, eine neue Tradition aus einer längst hundert Jahre vergangenen heraus. Wenn wir heute *Um 1800* wieder lesen, dann geschieht es aus der Distanz einer zweifachen Reflexivität, die nunmehr zwei Jahrhunderte hinter sich lässt. Aktualitätsbezug im Traditionsbewusstsein, der im Klappentext des Reprints als Rechtfertigung desselben angeführt wird, ist gar nicht der Kern der Sache und wahrscheinlich ohnedies zu einfach konstruiert. Es muss *Um 1800* heute zuallererst aus der Historisierung einer schon historisierenden Bewegung zu Anfang des 20. Jahrhunderts verstanden werden.

Wer sind nun die Abnehmer so eines nicht gerade billig zu erstehenden Nachdruckes aus dem Programm des Gebr. Mann Verlages? Sehr schönes, matt schimmerndes, eierschalenfarbenes Kunstdruckpapier macht das Buch voluminös und gut in der Hand liegend. Diese schöne Ausstattung mag sinnvoll sein, wenn das Buch zum Neuaufstellen und Vielgebrauchen in Bibliotheken gedacht ist, sie mag auch anregend sein für das Prestige im privaten Bücherregal. Wirklich Bibliophile allerdings finden gerade von diesem Buch noch ein gut sortiertes antiquarisches Angebot meist für die Hälfte des Preises.

So muss man vielleicht doch auf den oben verworfenen Zeitbezug zurückgreifen und dem Nachdruck ein gewecktes oder noch zu weckendes Interesse an der theoretischen Diskussion einer Zeit zugute halten, die uns heute als Reformzeit vor der Reform des Neuen Bauens und anverwandter Bewegungen interessieren sollte.

Zum Nachdruck ausgewählt hat der Verlag die zweite Auflage von 1918, denn diese ist einmal durch das Vorwort von Walter Curt Behrendt vermehrt und zudem von ursprünglich zwei auf einen Band zusammengezogen worden. Was diese Neuauflage nach *nur* zehn Jahren Abstand bemerkenswert macht, ist die durch das einschneidende Kriegsereignis gänzlich veränderte Sicht aufs Bauen, die auch aus Behrendts Worten spricht.

Und nicht nur Behrendt sondern auch Mebes konnte den Zeichen der Zeit nicht entgehen: Die heroisierte klassizistische Bescheidenheit wurde nicht mehr nur als ästhetisch korrekte Haltung, sondern nun auch als ökonomisches Notprogramm gefordert. *Um 1800* wird aus diesem Blickwinkel immer interessanter, und der verlegerischen Entscheidung, erst die zweite Auflage nachzudrucken, kann man nur Recht geben. Wenn wir heute das Buch mit dem Stichwort Geschichtskonstruktion in Verbindung bringen, hatte Mebes, der «Architektur und Handwerk im letzten Jahrhundert ihrer traditionellen Entwicklung» neu zu entdecken anregte und dabei etliche Jahre des «Ungeschmacks» überspringen musste, ein Studien- und nicht Bilderbuch im Sinn. «Einfachheit und Bescheidenheit werden diese schlichten Vorbilder in erster Linie unserer Jugend zu lehren haben, damit endlich die kläglichen Pfuschereien einer gewissenlosen Massenfabrikation und eines ungebildeten Bauspekulantentums wieder für immer verschwinden.» Seine Lehrschrift bestand und besteht trotzdem zu mehr als achtzig Prozent aus einem Abbildungsteil. Doch setzte der Autor seine stärksten Argumente, die Bilder, weit weniger gelehrig ein als das Beispiel-Gegenbeispiel-Opponieren des Kulturarbeiters Schultze-Naumburg. Letzterer und Mebes freilich waren nicht die Einzigen, die eine Architektur der Klassik, in der Folge Reinheit, in weiterer Folge Deutschheit als vorbildlich verstanden. So trieb die damalige Diskussion «Um 1800», die heute Sonderforschungsbereiche füllt, regelrechte Blüten. Wer mit «Um 1800» nicht einverstanden war, konstruierte flugs «Um 1600», wie August Griesebach 1910 in *Kunst und Künstler* schrieb: «All Denen, die nichts eigentlich Persönliches zu sagen haben, kann man den Anschluss an die ‹Zeit um 1800› nur empfehlen. Lässt sich doch dabei am wenigsten Unheil anrichten.» Der wahre Urgrund deutscher Architektur sei natürlich noch einmal zweihundert Jahre früher zu suchen.

Wenn Referenzmodelle so wie hier als historische Phänomene abgrenzbar werden, verspricht die Sache Spannung. In diesem Sinn ist *Um 1800* ein (architektur)historisches Fallbeispiel, das einen Reprint wert ist, auch ohne verzwängt Gegenwartsbezüge einlösen zu müssen.

Eva Maria Froschauer

Paul Mebes: Um 1800. Architektur und Handwerk im letzten Jahrhundert ihrer traditionellen Entwicklung. Reprint, Gebr. Mann Verlag, mit einem Nachwort zur Neuausgabe von Ulrich Conrads, Berlin 2001. 324 Seiten, 547 Abbildungen, ISBN 3-7861-1843-4, Euro 174.–

Bücher
Architekten planen im «eingedeutschten» Osten

Ordnungswahn –
Der kurze Weg vom städtebaulichen Ideal zur Realität von Auschwitz

Auf die Vernichtung bauen

Das «Tausendjährige Reich» vor Augen, stellt sich wohl jedem von uns die Frage: Ist die kollektive Verdrängungsenergie nicht stärker als der Wunsch, sich seiner eigenen Geschichte und damit Identität zu stellen? Symptome der Unlust, sich mit dem Thema zu beschäftigen, gibt es zuhauf. Schlimm genug! Umso besser, wenn es auch in bislang unterbewerteten Bereichen Ansätze der kritischen Reflexion gibt: Ordnungswahn lautet der Titel eines Buches von Niels Gutschow, das induktiv am Thema Raumplanung die Umrisse eines komplexen und zersplitterten Ganzen – des Monstrums des Nationalsozialismus – erahnen lässt.

Die monumentalen Bauformen der nationalsozialistischen Ära sind sattsam bekannt. Darin erschöpft aber hat sich ihr planerischer Anspruch mitnichten. Im gleichen Masse, wie «Architektur als Propaganda» der Untermauerung des Herrschaftsanspruchs diente, forcierte man Konzepte zur angestrebten Kolonisierung der eroberten Gebiete. In ausgreifendem Grössenwahn wurde eine – im Wortsinn: grenzenlose – Raumordnung vom Atlantik bis zum Ural erarbeitet, während die Städte Europas brannten und Millionen von Menschenleben dem Krieg geopfert wurden. Der «Reichskommissar für die Festigung deutschen Volkstums» (RFK), Himmler direkt unterstellt, war hierbei eine der entscheidenden Behörden, und der berüchtigte Generalplan Ost von 1941 lediglich Teil einer umfassenden Strategie. Allerdings sind diese Überlegungen für den «eingegliederten Ostraum» nicht von den dort herrschenden, auf Terror beruhenden Planungsbedingungen zu trennen. Insbesondere die Raumpolitik der «zentralen Orte» lieferte ein streng rationalistisches Netzwerk zur absoluten Kontrolle gewaltiger Landstriche. Durch diese «totale Planung» sollte in den «Ostgebieten» vom kleinsten Dorf bis zur Grossstadt nach Vertreibung, Ermordung oder Versklavung der bisher ansässigen Bevölkerung ein anheimelndes «deutsches Siedlungsbild» ausgeformt werden.

Das etwa umreisst den Kontext, innerhalb dessen der Autor ein Bild entfaltet, das die konzeptionellen Hoffnungen deutscher Architekten und Stadtplaner im «eingedeutschten Osten» zwischen 1939 und 1945 veranschaulicht. Wie wenig Skrupel die Fachleute an den Tag legten, indem sie mit Menschen wie mit Sachen umgingen, macht eine lange Beispielkette deutlich: Posen, Lodsch/Litzmannstadt, Krakau, die städtebauliche Neuordnung im Warthegau oder die neuen Städte in Oberschlesien und Südostpreussen. Und in Birkenau sind die Krematorien schon in Betrieb genommen, während deutsche Experten von einer «Stadtlandschaft Auschwitz» träumen.

Vorauseilender Gehorsam

Niels Gutschow – leidgeprüfter Sohn des im Hamburg der Dreissiger- und Vierzigerjahre programmatisch wirksamen Architekten Konstanty Gutschow – lehnt die Opferperspektive vehement ab und klagt die Beteiligten der bewussten Täterschaft an. Der Autor versteht seinen Forschungsansatz als «strukturalistisch», das heisst, er glaubt auch innerhalb der Disziplin Stadtplanung eine «kumulative Radikalisierung» erkennen zu können. Belege für seine Thesen findet er in reicher Zahl: So wird etwa Oskar Dengel im November 1939 Stadtpräsident von Warschau. Der ehemalige Kämmerer der Stadt Würzburg veranlasst umgehend die Abordnung diverser Bau- und Planungsexperten – darunter befand sich auch Hubert Gross – aus seiner Heimat. Innerhalb weniger Monate wird von ihnen ein Plan für «Warschau, die neue Deutsche Stadt» ausgearbeitet und dem «Generalgouverneur für die besetzten polnischen Gebiete», Hans Frank, übergeben. Ein Plan, der die Schrumpfung einer Millionenstadt auf die Grösse eines Provinzkaffs von nicht mehr als 40 000 Einwohnern vorsah!

Auch in Posen, unter dem Regime von Arthur Greiser, entwickelte man analoge Konzepte. Das vielleicht Entscheidende dabei: Dengel brauchte keinen Auftraggeber im Hintergrund, keinen zentralen Befehl. Ganz im Gegenteil: Diese (Eigen-)Initiative sollte ihm den Weg nach oben ebnen. So verdichtet sich der Eindruck, dass ein quasi verbindliches Modell nationalsozialistischen Städtebaus entstand, letztlich ohne jede zentrale Lenkung, aber in der Übereinkunft einflussreicher Architekten. Nicht von oben verordnet, sondern in vorauseilendem Gehorsam von unten wurden Strategien formuliert, die vor der «Endlösung» keineswegs Halt machten.

Um gleichwohl einem gewissen beruflichen Ehrenkodex treu zu bleiben, musste man dafür die Wirklichkeit ein wenig zurechtbiegen. Indem deutsche Architekten und Stadtplaner den Ostraum als «ungestaltet» und bar jeder Kultur hinstellten, machten sie die Tabula rasa zur Voraussetzung jedweder Neugestaltung. Allerdings war es nun nicht mehr der «neue Mensch» einer sozialen oder gar sozialistischen Weltgemeinschaft, sondern der «deutsche Herrenmensch», der hier als Protagonist und Katalysator wirkte.

Das Fatale indes liegt darin, dass hier nicht Unmenschen am Werke waren, sondern aufgeschlossene Experten, die Leitbildern folgten, welche wiederum auch international sanktioniert waren – und es zum Teil noch heute sind. Gerade das wiederum ist das eigentlich Monströse, weil es letztlich die These impliziert, dass all diese totalitären Zukunftsentwürfe ihren Antrieb nicht nur aus ideologischen Verblendungen oder den Feindbildern von Rassenfanatikern bezogen, sondern auch aus der Zweckrationalität «praxisorientierter» Wissenschaftler und Planer.

Es handelt sich um ein Buch, das keineswegs nur Planungsbeflissene anspricht, sondern – quellenreich und alles andere als trocken – auch den Laien zum Lesen einlädt. Etwas zu spärlich bebildert, macht es nebenher auch biografische Verflechtungen offenbar. Sicherlich stellt es vornehmlich nur eine Facette dar; doch induktiv breitet es dabei einen ganzen Teppich an plötzlich vorstellbarer Geschichte aus. Und solche Mosaiksteine des Erinnerns brauchen wir leider noch immer.

Robert Kaltenbrunner

Niels Gutschow: Ordnungswahn. Architekten planen im «eingedeutschten Osten» 1939–1945, Birkhäuser Verlag, Basel/Berlin/Boston 2001 (Reihe: Bauwelt Fundamente, Bd. 115), 244 Seiten, ca. 80 s/w Abbildungen, Euro 24,50

So verschieden
wie die Sitzgewohnheiten,
so persönlich sind die
Bedürfnisse
bei der beruflichen Vorsorge.

ptv

Priska Schmid, Telefon 031 320 61 60

■ Pensionskasse der
Technischen Verbände
SIA STV BSA FSAI
Persönlich. Engagiert. Natürlich.
www.ptv.ch

Leserdienst 103

Einrichtungszentrum Möbel Pfister, Pratteln
Architekt: Fugazza & Steinmann AG, Wettingen

VISS®-Delta für Fassaden und Lichtdächer

Das Design der schlanken Profilform verleiht Fassaden und Lichtdächern eine dynamische, transparente Erscheinung. Mehr Tageslicht durchflutet Innenräume. Ästhetik und Funktionalität sind vereint.
Mehr Information enthält unsere ausführliche Dokumentation. Rufen Sie uns an, wir beraten Sie gerne.

Auch für RMG1-Konstruktionen

Jansen AG, 9463 Oberriet SG
Stahlröhrenwerk, Kunststoffwerk
Telefon 071-763 91 11
Telefax 071-761 22 70
http://www.jansen.com

SQS zertifiziertes Qualitätssystem EN/ISO 9001
Reg.-Nr. 10451

JANSEN

Leserdienst 124

fsai
Mitteilungen

ZBZ – Zukunftfähiges Berufsbild im Berufsfeld Bauplanung

Unter diesem Titel gibt es ein Projekt, welches, erst in die Tat umgesetzt, die Ausbildung des Hochbauzeichners drastisch verändern wird.

Grob gesagt: die Berufe Hochbauzeichner/in – Bauzeichner/in – (Statik und Tiefbau) Geomatiker/in-Innenausbauzeichner/in – Landschaftszeichner/in – Raumplanungszeichner/in werden in den Beruf «Bauzeichner» verschmelzen.

Das Projekt ist uns im Januar 2002 zum erstenmal vorgestellt worden, und der Zentralvorstand hat sich damit befasst.

Mitte März 2002 ist mir das erste *ZBZ Bulletin*, datiert 1. Januar 2002, zugestellt worden (info@gugelmannbelp.ch).

Der fsai figuriert darin als Trägerorganisation. Der Zentralvorstand und die Deutschweizer Sektionen (eine französische und eine italienische Fassung des Projektbeschriebes lagen nicht vor und waren somit in diesen Landesteilen höchstwahrscheinlich unbekannt) stehen nach wie vor hinter der Ausbildung des Hochbauzeichners, so wie sie heute existiert.

Für die meisten unserer Verbandsmitglieder ist es undenkbar, auf diese klassisch für das Architekturbüro ausgebildeten Leute zu verzichten.

Aufgrund der nachfolgenden dargelegten Fakten und insbesondere der Informationen, die wir von der Infotagung vom 10. Januar 2002 aus Bern erhalten haben, haben der Zentralvorstand des fsai an seiner Sitzung vom 6. Februar 2002 sowie die Sektion Innerschweiz (Luzern – Zentralschweiz) und Zürich beschlossen, im Projekt ZBZ nicht mitzuarbeiten.

Dieser Entschluss wurde vom fsai mit einem Brief datiert 7. 2. 2002 der Trägerorganisation mitgeteilt und enthält folgende Fakten: (Zitat)

1. Wir beurteilen die Situation um das aktuelle Berufsbild nicht gleich, wie dies in der Ausgangslage zum Projekt beschrieben wird. Die Situation bei den Bauzeichnern ist nicht vergleichbar mit jener bei uns Hochbauzeichnern.
   - Der Rückgang der Lehrverhältnisse widerspiegelt den Rückgang des Arbeitsvolumens verbunden mit dem gleichzeitig weitverbreiteten Einsatz des CAD.
   - Die Bewerbungen für eine Lehrstelle bei unseren Mitgliedern ist gross: 10 und mehr Bewerbungen für eine Lehrstelle.

2. Das gültige Reglement ist eine aktuelle und vernünftige Basis für die Ausbildung und die Lehrabschlussprüfung. Das darin zugrunde gelegte Berufsbild HBZ ist genügend umrissen und lässt den Spiel-

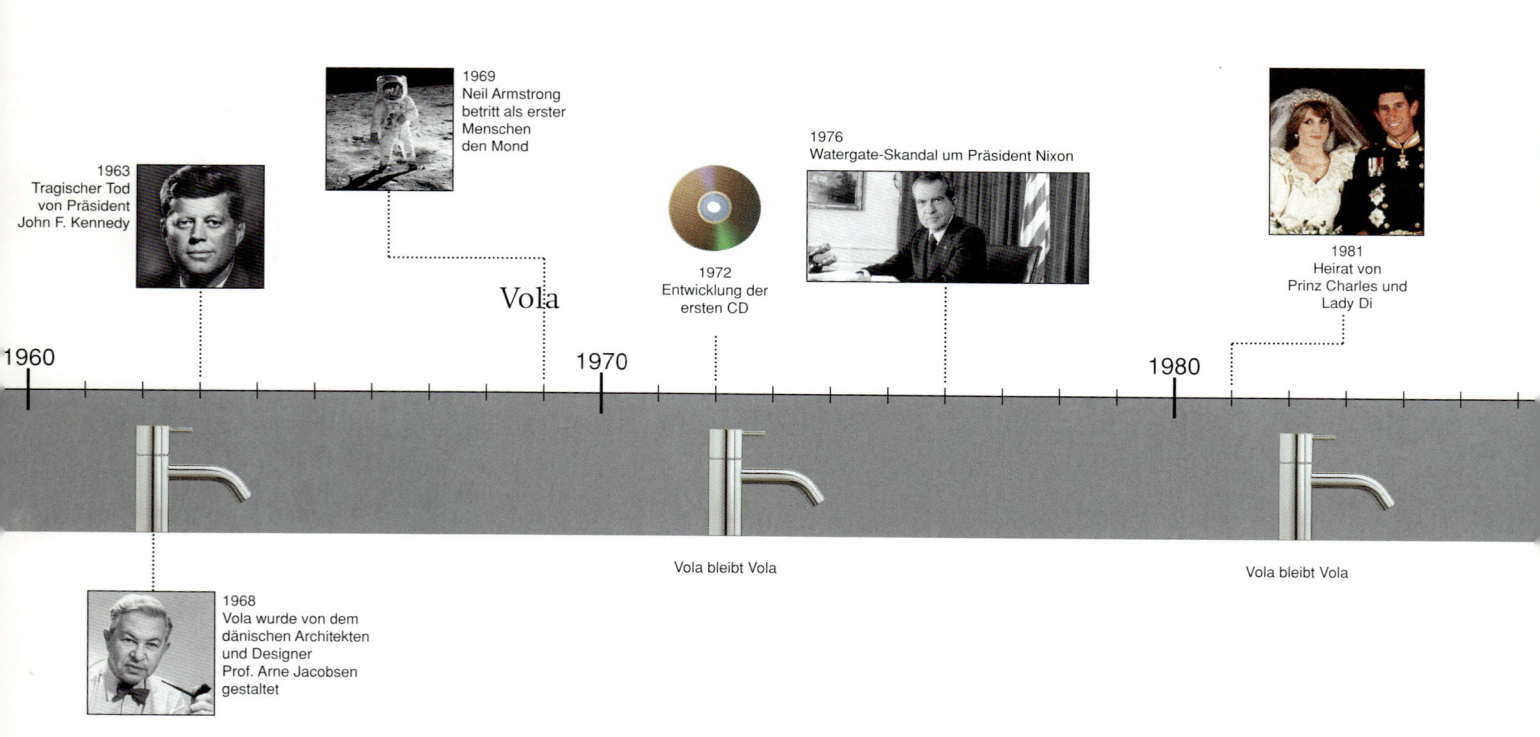

raum für die Ausbildung mit CAD oder dem Reissbrett offen. In einzelnen Details könnten noch Modifikationen gemacht werden – z.B.: Stellung der Berufskenntnisse (Fachrechnen, Fachkenntnisse, Baumaterial).

3. Die Organisation des Projektes ZBZ scheint uns aufgeblasen. Die grösste Kritik unsererseits ernten jene Positionen, die viel Geld kosten und denen der Bezug zum gelebten Berufsalltag fehlt.

Insbesondere das Engagement in einer Frei-Akademie lehnen wir ab. Denn gleichzeitig würden viele Berufsleute aufgeboten werden müssen, welche im Milizsystem arbeiten, und somit für ihr Engagement und ihre Leistungen aus dem Projekt nicht entschädigt würden, und ferner stellen wir eine unschöne Bevorzugung einiger fest (also der bezahlte, akademische Lehrkörper, der viel kostet und bezogen auf den Berufsalltag der Hochbauzeichner und der bürointernen Lehrausbildung zu wenig bringt). Wir setzen uns für eine stufengerechte, duale Ausbildung ein.

4. Die Hochbauzeichner stellen mit ca. 54 % der Lehrverhältnisse die grösste Gruppe. Für uns ist die Gefahr der Bestimmung des Berufsbildes durch andere Berufsgruppen, trotz anderweitigen Beteuerungen anlässlich der letzten Trägersitzung, nach wie vor gegeben.

5. Wir stellen fest, dass die Bauzeichner (Statik und Tiefbau) die treibende Kraft im ganzen Projekt sind. Wir vermissen gleichwertige Bemühungen seitens der AAK (Aufsichtskommission für die Einführungskurse der Hochbauzeichnerlehrlinge).

6. Die Lehrmeister sind neben den Lehrlingen und Lehrtöchtern eines der wichtigsten Elemente in der Ausbildung. Ohne Lehrbetriebe findet keine Ausbildung statt. Sind die Lehrmeister gleichwertig wie die Vertreter der Arbeitnehmer im gesamten Projekt vertreten? Wir befürchten, dass ein neues Berufsleitbild ausgearbeitet wird, dem die Lehrmeister nicht zustimmen und darauf mit Ausbildungsverweigerung reagieren werden.

7. Das gesamte Projekt ist bis heute nur auf deutsch dokumentiert, ein französisches Pendant fehlt. Für uns ist dies ein wesentlicher Mangel.

Urs Keiser, Zentralpräsident fsai

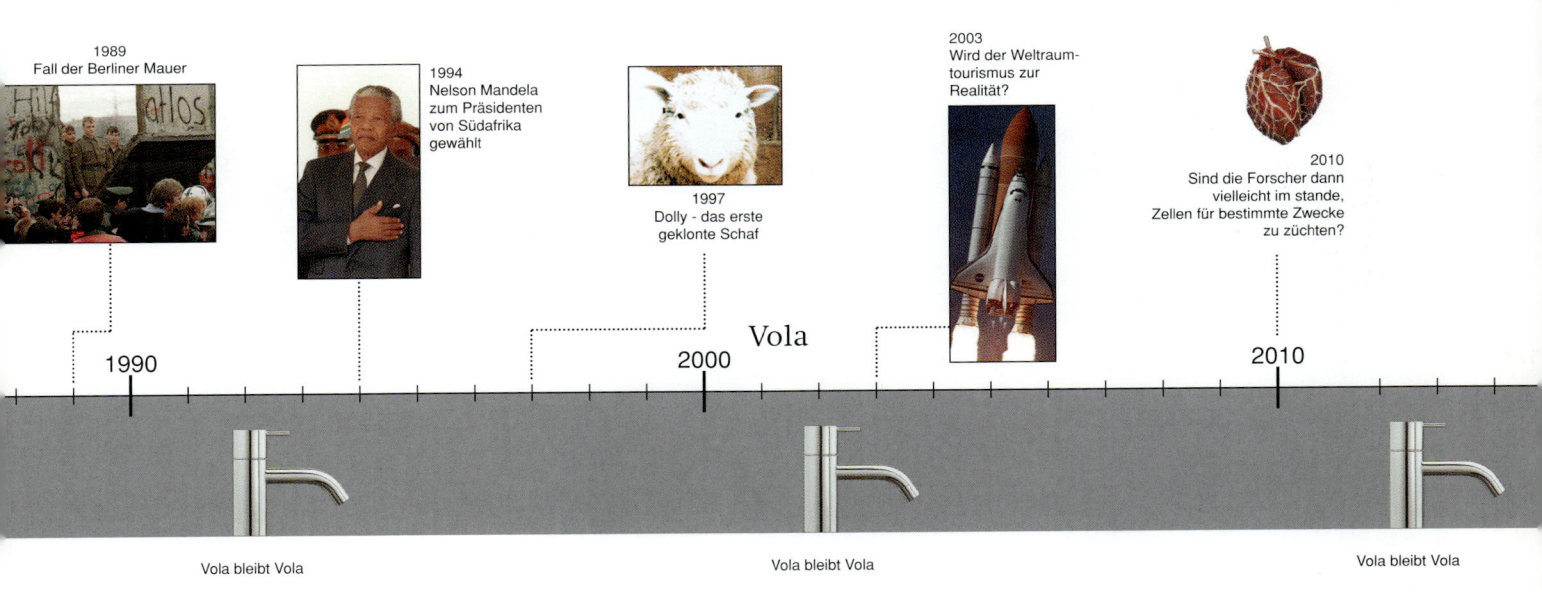

fsai Mitteilungen

Zum Andenken an Peter Hartung

Nach einer schweren Krankheit ist unser Kollega und Ehrenmitglied des fsai, Peter Hartung, am 9. Dezember 2001 im Alter von 73 Jahren in Schaffhausen gestorben. Mit ihm hat unser Verband eine starke Persönlichkeit verloren, die sich während Jahrzehnten mit grosser Hingabe für seinen geliebten Beruf, für das Aus- und Weiterbildungswesen und für die Ortsbild- und Denkmalpflege eingesetzt hatte.

Die Delegiertenversammlung 1985 hat Peter Hartung mit herzlicher Freude und grossem Beifall zum Ehrenmitglied des fsai ernannt. Diese Ehrung als Anerkennung seiner vielseitigen und anspruchsvollen Tätigkeiten war spontan, der Anlass dazu sein Rücktritt aus dem Zentralvorstand.

Mit dem Eintritt 1976 in den ZV hat Peter Hartung ein Mandat an Verpflichtungen übernommen, das im Laufe der Jahre eine Ausweitung ungeahnten Ausmasses erreichte. Sein grosses Anliegen war die Behauptung und Stärkung des freierwerbenden Architekten in der Auseinandersetzung mit den Problemen unserer Zeit. Als Vater des grünen Gesamtarbeitsvertrages hat er dieses Werk auf solide Beine gestellt und unermüdlich für dessen Durchsetzung auf allen Ebenen gekämpft.

In der Konferenz CAI, von 1976 bis 1983 als Mitglied und von 1983 bis 1985 als deren Präsident, hat Peter Hartung in Personalunion die Anliegen des fsai, des ZSAO, der SBK, des GAV, des REG und vieler anderer mehr mit Fach- und Sachkompetenz vertreten. Ein grosses Anliegen war ihm die Aus- und Weiterbildung unseres beruflichen Nachwuchses. Als erster Präsident der Schweizerischen Ausbildungskommission (1974–1982) an den SIA-Reglementen tätig, hat Peter Hartung zudem erfolgreich die höhere Fachprüfung (HFP) für Bauleiter Hochbau und Tiefbau schaffen können.

Als Selbständigerwerbender, der zusammen mit seinem Partner Meinrad Scherrer ein Architektur- und Planungsbüro führte, verfügte Peter Hartung über breite Erfahrungen im Umgang mit anspruchsvollen Denkmälern und deren Restaurierung. Zudem war er Armeeoffizier und begeisterter Segler.

Peter Hartung verfügte über Organisationstalent, kannte die Menschen, verstand sie zu führen oder notfalls zwischen ihnen zu vermitteln. Vor allem aber zeichnete sich der Verstorbene durch ein hohes Verantwortungsgefühl gegenüber dem aus, wofür er sich einmal verpflichtet hatte. Peter Hartung hinterlässt tiefe Spuren im fsai und in anderen namhaften Fach- und Berufsorganisationen. Dafür und für die herzliche Freundschaft sind wir ihm dankbar.

Adelbert Stähli

**5. INTERNATIONALES ARCHITEKTUR SYMPOSIUM
PONTRESINA 12. BIS 14. SEPTEMBER 2002**

NEUE KONZEPTE DER ARCHITEKTUR FÜR EINE SOZIALE INTEGRATION VON MINORITÄTSGRUPPEN ARMER STÄDTE. DAS GLOBALE GUGGENHEIM: PERFEKTER SPAGAT ZWISCHEN KUNST, KOMMERZ, ARCHITEKTUR UND VIRTUELLER KUNSTINSZENIERUNG. NEW YORK EIN JAHR NACH DEM 11. SEPTEMBER: SICHERHEIT VERSUS FREIHEIT.

ARCHITEKTUR IM DIALOG

Die Referenten: Shigeru Ban, Ramesh Kumar Biswas, Erky Wood/GAPP, Lindsay Bremner, Ross Wimer/Skidmore, Owings & Merrill, Hani Rashid, Michael Sorkin, Hanspeter Gschwend und andere.
Moderation: Kristin Feireiss und Maria Ossowski.
Verlangen Sie weitere Informationen:
Verkehrsverein Pontresina/Schweiz
Telefon +41 (0)81 838 83 18
info@archisymp.com

WWW.ARCHISYMP.COM

Unsere Partner: Akzo Nobel Coatings AG, Forbo, GROHE Water Technology, Jansen, Luxmate Controls, Zumtobel Staff, Swiss Air Lines als Official Carrier
Patronat: Bundespräsident Kaspar Villiger und BSA Bund Schweizer Architekten

Leserdienst 148

Saunen, Solarien, Dampfbäder und Whirlpools von Klafs.
In unserem kostenlosen Saunakatalog.

Name

Strasse

PLZ/Wohnort   AR

Telefon

Klafs Saunabau AG
Oberneuhofstrasse 11
CH-6342 Baar
Tel. 041-760 22 42
Fax 041-760 25 35
http://www.klafs.ch

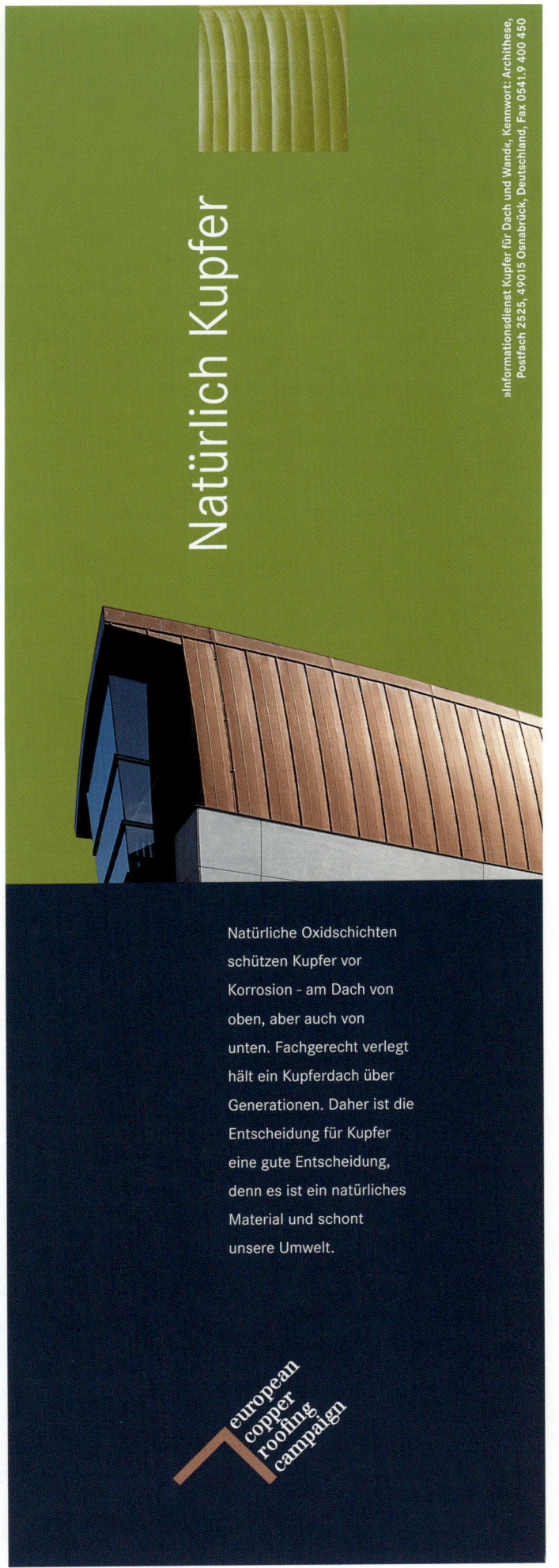

KLAFS
Die Sauna.

Leserdienst 111

Natürlich Kupfer

»Informationsdienst Kupfer für Dach und Wand«, Kennwort: Archithese, Postfach 2525, 49015 Osnabrück, Deutschland, Fax 0541.9 400 450

Natürliche Oxidschichten schützen Kupfer vor Korrosion - am Dach von oben, aber auch von unten. Fachgerecht verlegt hält ein Kupferdach über Generationen. Daher ist die Entscheidung für Kupfer eine gute Entscheidung, denn es ist ein natürliches Material und schont unsere Umwelt.

european copper roofing campaign

Leserdienst 101

Symposien
A2B Architektur Symposium Basel

Leere Worte?

Hermann Lübbe hat kürzlich die Vermutung geäussert, dass die technische Ablösung der Kommunikationsnetze von den Verkehrsnetzen kulturrevolutionäre Auswirkungen haben werde, die in ihren Dimensionen mit den Wirkungen des Buchdrucks zu vergleichen seien. Doch worin könnten diese zukünftigen Auswirkungen bestehen, und welchen Einfluss haben neue Informationstechnologien bereits heute auf Architektur und Städtebau?

Diesen Fragen widmete sich das erste von insgesamt fünf anlässlich der «Swissbau» geplanten Architektursymposien, das im Januar unter dem Titel «Mobility: Immobility» über die Bühne gegangen ist. Das Symposium fand im Rahmen der Veranstaltung A2B – «Architecture to Basel» – statt, die auch die traditionellen Basler Architekturvorträge umfasste. Exponenten verschiedener Disziplinen setzten sich mit möglichen Zukunftsszenarien für Architektur und Städtebau im Informationszeitalter auseinander. Dabei war von einer Malaise angesichts des galoppierenden Fortschritts wenig zu spüren: Die Mehrheit der Referate zeichnete sich durch Technikbegeisterung und einen entwaffnenden, von Zweifeln kaum getrübten Enthusiasmus aus. Nur dank einigen ungewöhnlich kritischen Fragen, die nicht aus den Reihen des eher trägen Publikums, sondern von den anderen Referenten und Referentinnen stammten, kamen dennoch interessante Diskussionen zustande.

Zukunftsvisionen
Der erste Tag hatte die vernetzte Stadt zum Thema und die Frage, inwiefern neue Informationstechnologien die Gestalt der Stadt verändern würden. Den Auftakt bildete der Beitrag von William J. Mitchell, Dozent für Architektur und Medienwissenschaften am MIT. Er veranschaulichte die baulichen Folgen einer Dezentralisierung von Infrastrukturanlagen anhand von bekannten Beispielen wie dem des Badezimmers oder des Bankomaten. Auf ähnliche Weise würde die Dezentralisierung der Kommunikation zu einer Fragmentierung und Neukombination von Bautypen und urbanen Mustern führen: Die Knotenpunkte des Kommunikations- und Informationsnetzwerks der Zukunft würden zunehmend menschliche Körper und nicht Orte sein.

Gerhard Schmitt von der ETH Zürich präsentierte das teilweise bereits realisierte Projekt einer virtuellen Universität. Elizabeth Sikiaridi, Professorin für Architektur an der Universität Essen, stellte den von ihr und dem an der Kunsthochschule für Medien in Köln lehrenden Medientheoretiker Frans Vogelaar entwickelten Begriff «idensity®» vor: Das darin enthaltene Wort «density» beziehe sich auf die Dichte der urbanen Kommunikationsnetzwerke – sowohl der physischen, etwa der Transportmittel, als auch der virtuellen der Medien –, während «identity» sowohl symbolische als auch konkrete Bedeutung habe. Der neue Begriff sei ein konzeptuelles Werkzeug für die Beschreibung und Entwicklung von hybriden Räumen, die sich durch die Verschmelzung von reellen und virtuellen Elementen bilden.

Die Frage, wozu der liebevoll präsentierte und vorsorglich patentierte Neologismus denn wirklich gut sei, stellte der ebenfalls als Referent eingeladene österreichische Architekt Peter Trummer. Er selbst untersuchte anhand konkreter Beispiele, wie dem der «flying doctors», das Kommunikations- und Transportsystem des australischen Hinterlands. Seine Irritation keineswegs verbergend, wandte er sich gegen den grassierenden Gebrauch von leeren Worthülsen und das unkritische Zitieren von philosophischen Texten und forderte eine Beschäftigung mit konkreten Phänomenen. Seine Intervention bildete den Anstoss zu einer lebhaften Diskussion unter der Leitung des Architekten Dimitri Fatouros. Während dieses Gesprächs wie auch der folgenden Gespräche tauchten weitere patentierte und unpatentierte

Leserdienst 142

Wortschöpfungen auf; auch an Verweisen auf verschiedene philosophische Texte mangelte es nicht. In diesem Kontext ging der Beitrag des leibhaftig anwesenden Philosophen Jean Attali, der sich mit dem Verlust von architektonischer Identität und mit der möglichen Beispielhaftigkeit westafrikanischer Städte für die zukünftige urbane Entwicklung auseinander setzte, leider etwas unter.

Den Nachmittag läutete ein Referat von Frans Vogelaar ein; er sprach von Kommunikation im urbanen Raum und von hybriden, sowohl physischen als auch virtuellen Landschaften. Danach spaltete sich der Kongress in zwei parallel verlaufende Veranstaltungen. Unter der Leitung von André Bideau, Redaktor von *Werk, Bauen + Wohnen*, debattierten Jacques Herzog von Herzog & de Meuron, der Urbanist und Architekturprofessor Stefano Boeri und Werner Moeller von der Stiftung Bauhaus Dessau; Thema der Auseinandersetzung waren «Transnational Cities» und insbesondere Basel. Eine zweite Gruppe beschäftigte sich mit Transportsystemen der Zukunft: Der Urbanist Peter Haimerl und der in Bochum lehrende Architekturprofessor Dietrich Stein präsentierten Utopien von Mega-Strukturen, die den Sechzigerjahren gut angestanden hätten, während Urs Pfister von Daimler Chrysler eine Lanze für den Smart brach und der Science-Fiction-Autor Herbert W. Franke seine Visionen kundtat. Dass trotz der thematischen Heterogenität der Beiträge ein anregendes Gemisch entstehen konnte, ist der energischen Moderation des Architekturkritikers Andreas Ruby zu verdanken.

Mystik und Maden
Die Themen des zweiten Kongresstages waren einerseits der Einfluss von Mobilität und neuen Technologien auf die architektonische Theorie und Praxis, andererseits intelligente Umgebungen. Als erster Referent präsentierte Toyo Ito seine Gedanken zum Thema, illustriert anhand einiger seiner bekannten und weniger bekannten Werke. In ähnlich praktisch orientierter Weise konzentrierte sich Nicolas Michelin, Dekan der Architekturschule von Versailles, auf realisierte Projekte.

Einen eklatanten Gegensatz zu diesen Referaten bildeten die Beiträge von Hani Rashid (Asymptote), Marcos Novak (Centrifuge) und Lars Spuybroek (NOX). Hier offenbarte sich eine Überlagerung von virtueller und realer Architektur – nicht zuletzt auch in der Art und Weise, wie die Projekte präsentiert wurden: Auch die physisch gebauten Arbeiten von Lars Spuybroek und Hani Rashid kamen in einem Feuerwerk digitaler Bilder daher. Neue Computertechnologien wurden indes nicht nur für die Visualisierung, sondern auch beim Entwurf selbst eingesetzt; in die Faszination über die neuen Gestaltungsmöglichkeiten mischte sich zuweilen eine leichte Irritation, weil in vielen Fällen die Kriterien für die Auswahl, die Steuerung und den Abbruch des gewählten Algorithmus undefiniert blieben. Diese Entscheidungen, die letztlich wohl in der subjektiven Kompetenz der Entwerfenden liegen und deshalb keiner Erklärung bedürfen, kontrastierten mit der Perfektion der Bilder und der angeblich wissenschaftlichen Exaktheit, die sie suggerieren. Die allgemeine Verunsicherung wurde gesteigert durch das Referat von Marcos Novak, der, bewaffnet mit naturwissenschaftlichen und medizinischen Fachbegriffen, Brücken zu verschiedenen Disziplinen schlug – unter anderem zur Biolumineszenz, zur Neurologie, zur Kybernetik und zur Biomathematik, von der Relativitätstheorie ganz zu schweigen.

Die Spannung wurde in der nachfolgenden, vom Philosophen Andrew Benjamin moderierten Diskussion teilweise gelöst, als sich Lars Spuybroek in freundschaftlicher Weise an Marcos Novak wandte und ihn fragte, warum seine Entwürfe – Ergebnis so grossen technischen und wissenschaftlichen Aufwandes – wie Riesenmaden oder vielmehr wie «ein Riesenkäfer aus den Fünfzigerjahren mit einem Reissverschluss auf dem Rücken» daherkämen. Daraufhin wurde das Bestreben formuliert, durch den Einsatz des Computers von Bedeutung losgelöste Formen zu generieren – For-

Lista QUB: Modulares Schrank-Wandsystem mit Schallschutz
design: greutmann bolzern
www.lista-qub.ch
Lista AG, CH-8586 Erlen
++41 (0)71 649 21 11

Symposien
A2B Architektur Symposium Basel

men, die auf keinen ökonomischen oder kulturellen Hintergrund verweisen, sondern die «berühren, ohne zu sprechen».

Dennoch wurde die Frage, warum computergenerierte architektonische Entwürfe so auffällig häufig eine biomorphe Gestalt aufweisen, nicht schlüssig geklärt und harrte ebenso einer Antwort wie die tags zuvor gestellte Frage nach der Notwendigkeit der immer wieder auftauchenden Neologismen. Zudem wurde auch während der Diskussion nicht nachvollziehbar, wie die angeführten Wissenschaftszweige tatsächlich mit den vorgestellten Entwürfen zusammenhängen. Die möglicherweise angestrebte «wissenschaftliche» Legitimierung von entwerferischen Entscheidungen blieb jedenfalls weitgehend aus; zurück blieben eine reelle Faszination über die vorgestellten Arbeiten und der leise Verdacht einer Mystifizierung des Entwurfsprozesses durch grosszügige Anleihen aus der Sprache der Wissenschaft, die für die meisten Zuhörenden ebenso unverständlich ist wie das Kirchenlatein für die Messebesucher.

Gedankenräume

Auch am Nachmittag des zweiten Tages bildeten sich zwei Gruppen. Zum Thema «Smart Architectural Tasks» referierte vorerst der Cyberspace-Spezialist Peter Anders; anschliessend sprach der in Darmstadt tätige Norberts Streitz über intelligente und interaktive Gebilde; Maia Engeli, ehemalige Assistenzprofessorin für CAAD an der ETH Zürich, thematisierte Gedankenräume. Die zweite Gruppe beschäftigte sich mit neuen Geschäftsmodellen unter Beteiligung von Spiros Pollalis von Harward, Matthias Hollwich (etekt) und Mantos Santorinaios (Mediaterra).

Das Bestreben, den Gedankenaustausch zu fördern, offenbarte sich in den Podiumsdiskussionen, die am Ende jedes thematischen Abschnittes stattfanden. Die unter der Leitung von Andrew Benjamin oder Derrick de Kerckhove, Leiter des McLuhan-Programms der Universität von Toronto, auf dem Podium versammelten Referentinnen und Referenten hatten jedoch immer wieder Mühe, ins Gespräch zu kommen. Dies lag mit Sicherheit auch daran, dass die Beteiligten es zuweilen vorzogen, ihre Referate in Kurzform zu wiederholen, anstatt unbequeme Fragen zu beantworten.

Dennoch liefern die entstandenen Irritationen und die Vielfalt der vertretenen Interessen reichlich Stoff zum Nachdenken und Nachlesen. Einzelne Kinderkrankheiten des Symposiums, wie die aus der Teilung in zwei parallele Veranstaltungen resultierenden akustischen Probleme, können das nächste Mal vermieden werden; auch das Vorschreiben des Englischen als Tagungssprache sollte überdacht werden, führte es doch zur absurden Situation, dass das mehrheitlich deutschsprachige Publikum sich die Vorträge deutschsprachiger Referentinnen und Referenten in der Simultanübersetzung anhören musste. Ansonsten aber hat sich das Konzept eines Symposiums im Rahmen der «Swissbau» bewährt, ebenso wie die Gestaltung der Räumlichkeiten durch das Basler Architekturbüro Steinmann & Schmid, die der nüchternen Hallenarchitektur die Härte nahm. Das Patronatskomitee, in dem neben Jacques Herzog (Herzog & de Meuron, Basel) und Rolf Fehlbaum (CEO, Vitra) auch der Bund Schweizer Architekten, der Schweizer Ingenieur- und Architektenverein und das Architekturmuseum Basel vertreten waren, dürfte zufrieden sein – und das Publikum ebenfalls.
Judit Solt

Das A2B Architektur Symposium Basel fand vom 24. bis 25. Januar 2002 im Rahmen der «Swissbau» statt.

anthos

Zeitschrift für Landschaftsarchitektur

Une revue pour le paysage

- anthos erscheint 4 x jährlich mit einer Auflage von 4500 Exemplaren

- Herausgeber:
  Bund Schweizer Landschafts-architekten (BSLA),
  Verlag Niggli AG

- Abonnemente:
  Abonnementenservice anthos
  Steinackerstrasse 8
  CH-8583 Sulgen
  Tel. 071 644 91 91
  Fax 071 644 91 90

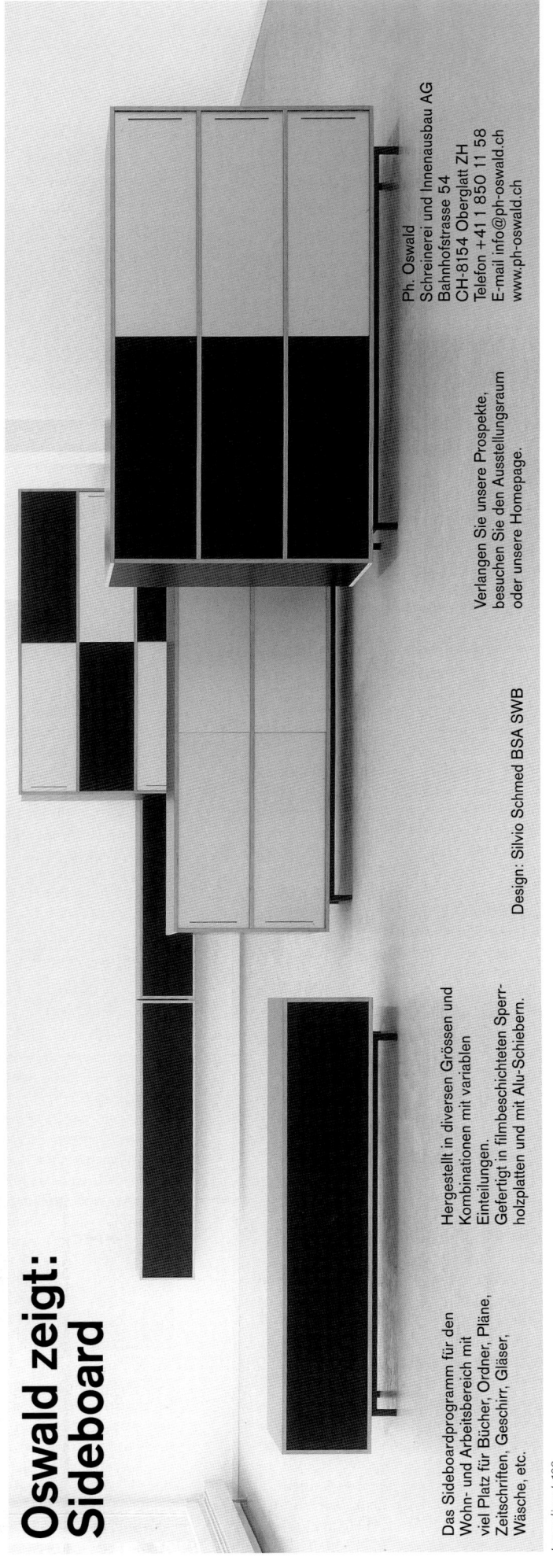

Das Öffnen und Schaffen von Lebensräumen.

RAUM UND WOHNEN. Die führende Monatszeitschrift für eine hochkarätige Zielgruppe, die sich mit Architektur, Wohnen und Design auseinandersetzt. Minutiös recherchiert, kompetent verfasst und perfekt visualisiert. Jetzt abonnieren!

Jahresabo: Fr. 85.–
(10 Ausgaben)
Probeabo: Fr. 25.–
(3 Ausgaben)

Abonnement de deux ans:
8 no. à Fr. 54.–
Abonnement à l'essai:
3 no. à Fr. 20.–

Tout savoir sur l'art de vivre en Suisse romande.

MAISONS & AMBIANCES. Une publication suisse pour la construction, l'habitation, l'architecture et le design. Cette revue, dont la rédaction se trouve dans la région lausannoise, s'adresse en priorité à un lectorat romand.

Abonnement: Tel. 041/785 50 60 – www.etzel-verlag.ch – info@etzel-verlag.ch
Etzel-Verlag AG, Knonauerstr. 56, CH-6330 Cham – Fax 041/785 50 88

Oswald zeigt: Sideboard

Das Sideboardprogramm für den Wohn- und Arbeitsbereich mit viel Platz für Bücher, Ordner, Pläne, Zeitschriften, Geschirr, Gläser, Wäsche, etc.

Hergestellt in diversen Grössen und Kombinationen mit variablen Einteilungen.
Gefertigt in filmbeschichteten Sperrholzplatten und mit Alu-Schiebern.

Ph. Oswald
Schreinerei und Innenausbau AG
Bahnhofstrasse 54
CH-8154 Oberglatt ZH
Telefon +41 1 850 11 58
E-mail info@ph-oswald.ch
www.ph-oswald.ch

Verlangen Sie unsere Prospekte, besuchen Sie den Ausstellungsraum oder unsere Homepage.

Design: Silvio Schmed BSA SWB

Neues aus der Industrie

Über die Leserdienst-Kennziffer erhalten Sie ausführliche Informationen.

Kaldewei erweitern die Produktlinie

Kaldewei baut seine Duschwannen-Modellpalette weiter aus. In der Premium-Line besticht das Modell Rondana mit aussergewöhnlichem Design und eleganter Formgebung. Die beiden Viertelkreisduschen Arkorplan und Arkormedia ergänzen neu das Kaldewei-Komfort-Programm. Alle drei neuen Modelle wurden vom renommierten Designbüro Phoenix-Product-Design entwickelt und bieten höchste Ästhetik und Funktionalität.

Rondana ist eine Viertelkreisduschwanne aus Kaldewei-Email® mit angeformter Verkleidung. Die Innenform dieser exklusiven Duschwanne besteht aus zwei Bogenelementen, die elegant und spannungsvoll zugleich den Rahmen für die grosszügig gestaltete Standfläche bilden. Die angeformte Verkleidung der Duschwanne sieht nicht nur gut aus, sondern ermöglicht auch den einfachen und passgenauen Einbau, wie beispielsweise in einer bereits gefliesten Ecke. Der grosszügige Wannenrand der Rondana ist durch eine leichte Neigung so konzipiert, dass Spritzwasser vom Rand in die Dusche zurückfliesst. Somit bleibt auch an der Silikonfuge kein Wasser stehen. Wie alle Modelle der Premium-Line ist die Rondana serienmässig mit dem selbstreinigenden Perl-Effekt ausgestattet.

Rondana ist in den Grössen 900 × 900 × 65 sowie 100 × 1000 × 65 Millimeter erhältlich. Optional kann die Wanne inklusive Styroporträger oder mit Untertritt und Styroporträger geliefert werden.

Bei den Modellen Arkorplan und Arkormedia handelt es sich ebenfalls um Viertelkreisduschen aus Kaldewei-Email®. Hier ist der Ablauf seitlich positioniert. Im volumenstarken Preissegment überzeugen sie durch ihr klares Design sowie eine grosse Standfläche für komfortables Duschen. Arkorplan ist in den Grössen 800 × 800 × 65 und 900 × 900 × 65 Millimeter lieferbar. Bei Arkormedia stehen die Masse 800 × 800 × 150 sowie 900 × 900 × 150 zur Verfügung.
Leserdienst 173

Badarmaturen von KWC – ein Plus an Qualität

Den Einrichtungsideen fürs moderne Badezimmer sind keine Grenzen gesetzt: Armaturen und Accessoires der KWC AG in Unterkulm werden ganz nach Ihrem Geschmack zusammengestellt – ohne Kompromisse in Bezug auf Komfort, Qualität und Ökologie.

Ob Schaumbad oder prickelnde Dusche – das Badezimmer wird immer mehr zur Wellnesszone. Die Erholung nach einem anstrengenden Tag oder nach sportlicher Betätigung gibt nicht nur dem Körper, sondern auch der Seele die verloren gegangene Spannkraft und Geschmeidigkeit zurück. Oder am Morgen, vor dem Einstieg in die Hektik des Tages: Im Badezimmer werden noch einmal Kräfte getankt und das Wohlbefinden gestärkt.

Mit ihrer grossen Gestaltungsvielfalt bringt KWC Famoso Lebensfreude ins Bad: Die Armaturenserie, deren Design dem natürlichen Fluss eines Wasserstrahls nachempfunden ist, bietet ästhetische Lösungen für ein Bad zum Wohlfühlen. Ergänzen lässt sich das Programm durch zahlreiche passende Accessoires. Überzeugend ist KWC Famoso auch in ökologischer Hinsicht: Die Energie- und Wasserkostenbremse KWC Eco ist serienmässig eingebaut und hilft mit, die Umwelt zu schonen.
Leserdienst 167

Ihr Partner für den perfekten Innenausbau

Die Kernkompetenzen der Oesch Innenausbau AG, Steffisburg, sind Inneneinrichtungen für Bad, Küche, Wohnen, Hotel, Restaurant, Arztpraxen, Business (Empfang, Büro, Trennwände).

Wir streben ein partnerschaftliches Zusammenspiel von gegenseitigem Vertrauen und Innovation an, zwischen Planern, Bauherrschaften und uns.

Für jeden Kunden nehmen wir uns Zeit, um auf individuelle Bedürfnisse sachgerecht und schnell einzugehen. Unser marktwirtschaftliches Ziel ist es, hochwertige Produkte und Dienstleistungen zu liefern und damit eine möglichst hohe Kundenzufriedenheit zu erreichen. Unsere Hauptstärke ist vor allem der starke und attraktive Ausdruck von Raumatmosphäre durch ein modernes Design.

Wir sind die gegenwärtige Plattform für individuelle Innenausbauideen bis hin zu Serienlösungen. Wir kombinieren exzellente und anspruchsvolle Inneneinrichtungsstile, Raumkomfort und Technik in einem abgerundeten und wirtschaftlichen Konzept. Unsere Kunden profitieren von einer rationellen Fertigung, höchster Flexibilität im Bereich Formen, Farben und Design sowie von einem langjährigen Know-how.

Wir verbinden harmonisch moderne Hightech mit Raumqualität und unterstützen die Inneneinrichtung sowohl optisch als auch funktionell.

Weitere Pluspunkte sind, dass wir mit den erwähnten Vorzügen gestalterische Freiheit der Architektur, zunehmendes Kostenbewusstsein der Bauherrschaft und die stillen Anliegen der Zukunft vereinen. Oesch Innenausbau AG vereint visuelle Schönheit mit speziellen Materialien und Zweckmässigkeit. Jedes Bauobjekt ist für uns eine Herausforderung, sei es beispielsweise im Bereich von kreativen Formen, interessanten Raumaufteilungen und Materialien. Am Anfang steht die Idee, am Ende ein perfektes Produkt, und im Zentrum steht der Kunde. Wir realisieren hervorragende Inneneinrichtungen – wir sind dort, wo Sie uns brauchen!
Leserdienst 169

Elementar: H_2O, erfrischend wie Wasser

Das neue Modell H_2O trägt die Wirkung des Wassers in sich. Das Chromprofil ist glänzend und kühl wie die Oberfläche des Wassers, durchsichtig die Waschtischplatte aus Glas.

Das weisse Keramikbecken nimmt seinen festen Platz ein, darüber der Spiegel. Über dem Horizont ein Blick in die Unendlichkeit. Beim neuen Modell von H_2O, dem Programm des italienischen Stardesigners Antonio Citterio, sind auch die Duscheinheiten ganz auf Wasser eingestellt – silbrig glänzend die Chromprofile der Duschwand, glasklar das Duschvergnügen.
Leserdienst 168

Sicherheit und Effizienz im Flachdachbau

Die umfassenden Vorgaben für die Realisierung der Flachbedachung beim ersten schweizerischen Hornbach-Baumarkt in Littau LU war für alle Beteiligten eine grosse, interessante Herausforderung. Sie lautete: Wahl eines sicheren Dachsystems, das auch im Wintermonat Februar auf einer Fläche von 10 000 Quadratmetern verlässlich eingebaut werden kann. Einflüsse wie Wetterunsicherheit oder Baufortschritt der Unterkonstruktion

(Profilblech) mussten mit berücksichtigt werden.

Die Bauherrschaft, Planer und Unternehmer haben sich nach gründlicher Prüfung verschiedener Varianten für das Sarnafil-T-Dachsystem mit Sarnavert-Begrünung entschieden. Ende Februar hat sich gezeigt, dass umfassende Planung, erfahrene, leistungsfähige Unternehmer und ein zuverlässiger Lieferant die hohen Zielsetzungen erreicht haben. Nur drei Wochen dauerte der Einbau, das heisst, der erste Quadratmeter Dampfbremse wurde am 30. Januar verlegt und der letzte Quadratmeter Substrat am 22. Februar auf das Dach geblasen und verteilt.

Objekt: Baumarkt Hornbach AG, 6014 Littau; Bauherr: Hornbach Baumarkt (Schweiz) AG, Sursee; Architekt: Fugazza, Steinmann & Partner AG, Wettingen; Generalunternehmung: Estermann Generalunternehmung AG, Sursee; Unternehmer: ARGE Schürch Peter AG, Sempach und Walter Bucher, Knutwil; Systemlieferant: Sarnafil AG, Sarnen; Dachaufbau: Unterkonstruktion Profilblech, Dampfbremse Polyethylen-Folie 0,22 mm, Wärmedämmung Sarnatherm 120 mm, Abdichtung: Sarnafil TG 66–16 (flexible Polyolefine), Drainagevlies, Sarnavert Einschichtsubstrat 80 mm
Leserdienst 170

Kleiner Aufwand, überzeugende Wirkung

Rauch und Brandgase fordern bei Bränden die meisten Opfer. Vorbeugender Brandschutz kann Leben retten. Oft genügen einfache bauliche Massnahmen wie der Einbau von Rauch- und Wärmeabzugsanlagen, um die Sicherheit massiv zu erhöhen.

Die Firma Jakob Scherrer Söhne AG als Spezialistin für Tageslichttechnik hat sich auch in der Projektierung und Installation von Rauch- und Wärmeabzugsanlagen einen Namen geschaffen. Die Rauch- und Wärmeabzugsanlagen Cupolux der Jakob Scherrer Söhne AG kombinieren den Rauchabzug mit allen Vorteilen der Lichtkuppeln. Die Anlagen werden so zu willkommenen Tageslichtspendern. Entsprechend ausgerüstet, lassen sie sich zudem für die tägliche Belüftung einsetzen. Im Notfall lösen Rauchabzugstaster oder eine Brandmeldeanlage die Alarmschaltung aus. Über die netzunabhängige Stromversorgung werden die Anlagen bis zur Endstellung geöffnet, damit der volle Rauchabzugsquerschnitt gewährleistet ist. Auch Dach- und Vertikalverglasungen lassen sich in ein Rauchabzugssystem integrieren. Für die tägliche Entlüftung können sie über das Stromnetz versorgt oder mit Pressluft betrieben werden.

Mit Tastern werden die Abzüge nach Belieben geschlossen und geöffnet. Für einen garantierten Wärmeabzug lassen sich auch Thermostate anschliessen, und je nach Standort und Lage empfiehlt sich eine Regenschliessautomatik oder der Einbau eines Windmessers. Sämtliche Cupolux-Lichtkuppeln und Lichtbänder lassen sich in den von Scherrer projektierten Rauch- und Wärmeabzugsanlagen einsetzen. Bei Nutzungsänderungen und Umbauten lassen sich Rauch- und Wärmeabzugsanlagen problemlos auch in ältere Gebäude einbauen. Bestehende Lichtkuppeln oder -bänder können einfach nachgerüstet werden.
Leserdienst 171

Tulux Office Work – konsequent klarlinig

Beim Leuchtenprogramm «Office Work» verschmelzen topaktuelle Lichttechnik, langfristige Funktionalität, technische Perfektion und Ästhetik zu einer leuchtenden Einheit.

Mit ihrem schlichten, auf das Wesentliche reduzierten Design ist Office Work von Tulux die optimale Antwort auf die heutige, klarlinige Architektur. Sie integriert sich unaufdringlich und setzt mit ihrer Eigenständigkeit dennoch diskrete Akzente.

Erhältlich ist Office Work als Wand- und Pendelleuchte oder als Stehleuchte mit zentriertem oder dezentriertem Standrohr. Das Stehleuchtenprogramm besteht aus 2- und 4-flammigen Leuchten in drei verschiedenen Ausführungsvarianten, unter anderem mit intelligenter Sensortechnik für tageslicht- und bewegungsabhängige Steuerung mit richtbarem Umlenkelement zum Verändern der Erfassungszone.

Diese und weitere tolle Tulux-Neuheiten finden Sie permanent unter www.tulux.ch.
Leserdienst 172

Leserdienst 156

BAUDOC BULLETIN

Sicherheitsbeleuchtung mit System

Die Rettungszeichenleuchte Ledlite 626 ist eine Neuheit im Sicherheitsleuchten-Sortiment. Die LED-Ausführung hat eine Lebensdauer von über 100 000 Stunden. Das patentierte System der schnell einrastenden und austauschbaren Batterien – ohne Demontage der Leuchte – erleichtert die Wartung. Das Selbstdiagnoseverfahren und das moderne Design runden das positive Gesamtbild ab.

Eclairage de sécurité avec système

L'éclairage de secours Ledlite 626 constitue une nouveauté dans la gamme des éclairages de sécurité. L'exécution LED dispose d'une longévité supérieure à 100 000 heures. Le système breveté des batteries à fixation rapide facilement interchangeables – sans démontage de l'appareil – simplifie grandement les opérations de maintenance. Les aspects positifs de cet éclairage de sécurité sont complétés par une procédure d'autodiagnostic et un design moderne.

Leserdienst/service pour nos lecteurs 158

Multifunktionale Sicherheitstür

Die Sicherheitstür mit Einbruchhemmung bis WK 4 und elektronischer Zutrittskontrolle eignet sich z.B. für Flucht- und Rettungswege. Die benutzerfreundliche Tür mit HZ-lock verriegelt automatisch über 3 Riegel mit je 20 mm Vorschub. Eingebaute Türstellungs- und Riegelstellungskontakte gewährleisten die Verriegelung. Das System eignet sich nachweisbar auch für Feuerschutztüren.

Porte de sécurité multifonctionnelle

La porte de sécurité avec protection contre l'effraction jusqu'à WK 4 et contrôle électronique des entrées convient par exemple pour équiper des sorties de secours. La porte avec HZ-lock peut se manœuvrer facilement et se verrouille automatiquement moyennant 3 pênes de 20 mm. Le verrouillage est garanti par des contacts intégrés de position de la porte et des pênes. Le système convient également pour des portes coupe-feu.

Leserdienst/service pour nos lecteurs 159

Liftschacht-Gerüste

Horizontalgerüste in Liftschächten, engen Lichthöfen, Montage- und Ventilationsschächten werden einfach, schnell und SUVA-konform erstellt durch die Verwendung der Liftschachtkonsole Blitz. Die Befestigung erfolgt mit Zughülsen mittels Einmauern oder Annageln in der Betonschalung. In diese werden die Bajonettverschlüsse durch eine Vierteldrehung verankert. Bei der Wahl des richtigen Gerüstes und der Befestigung stehen Fachberater gerne zur Verfügung.

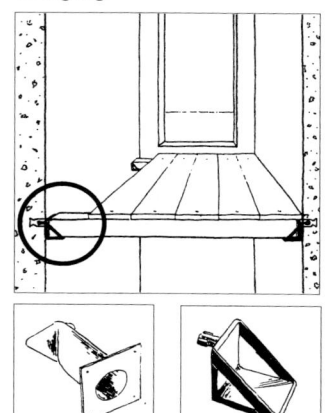

Echafaudages pour cages d'ascenseur

Des échafaudages horizontaux pour cages d'ascenseur, soupiraux étroits et puits de montage ou de ventilation peuvent se réaliser rapidement et conformément aux prescriptions de la SUVA en utilisant la console pour cages d'ascenseur Blitz. La fixation s'effectue au moyen de douilles de traction scellées dans la maçonnerie ou clouées sur le coffrage à béton. Les fermetures à baïonnette sont ancrées dans les douilles en leur faisant effectuer un quart de tour. Des conseillers se tiennent volontiers à disposition pour procéder au choix du juste échafaudage et du bon système de fixation.

Leserdienst/service pour nos lecteurs 160

Italienisches Küchendesign by Antonio Citterio

Arclinea ist bezüglich Design einer der führenden europäischen Küchenhersteller. Das Programm verbindet die typische mediterrane Wärme mit aktuellen Formen und Materialien. Der Fokus ist dabei stets auf die Praxisnähe gerichtet. Im attraktiven Showroom in Uster werden interessierten Architekten und Bauherren verschiedene Arclinea-Musterküchen präsentiert. Von der Beratung und Planung bis zur Ausführung erhalten die Kunden alles aus einer Hand.

Cuisine au design italien by Antonio Citterio

Arclinea est un des cuisinistes européens de pointe dans le secteur du design. Le programme allie une chaleur typiquement méditerranéenne à des formes et des matériaux de très haute actualité. L'objectif se fixe en l'occurrence toujours sur les aspects pratiques. Les architectes et maîtres d'ouvrage intéressés peuvent découvrir différentes cuisines-types Arclinea en visitant notre exposition sise à Uster. Du conseil à l'exécution en passant par la planification, le client traite avec une seule et même entreprise.

Leserdienst/service pour nos lecteurs 161

Patentierte Glasschuppenhalter ohne Bohrungen

Dieser Schuppenhalter kommt ohne Bohrungen aus. Glashalter mit raffinierter Verzahnung erfüllen diese Funktion. Zum Befestigen der Gläser genügt eine Schraube je Haltepunkt. Für die lasttragende Unterkonstruktion genügen auch handelsübliche Profile. Vorgehängte Fassaden dienen als Wetterschutz und/oder Fassade sowie als Bestandteil der Wärmedämmung. Die Schuppenhalter eignen sich z.B. für Laubengang- und Treppenhausverglasungen, Windschutz bei Tiefgaragen oder Schutzwände aller Art.

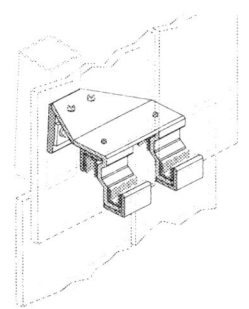

Support breveté pour bardeaux de verre

Ce support ne nécessite aucun percement. Cette fonction est en quelque sorte assumée par une denture très sophistiquée. Une vis par point de fixation suffit pour fixer les bardeaux de verre. Des profilés de type courant suffisent également pour réaliser la sous-construction porteuse. Des façades-rideaux servent simultanément de protection contre les intempéries, de façade

proprement dite et d'élément constitutif de l'isolation thermique. Les supports conviennent par exemple pour réaliser des vitrages de pergolas et cages d'escalier, une protection contre le vent pour des garages souterrains ou des parois de protection en tous genres.
Leserdienst/service pour nos lecteurs 162

Container-Unterstände
Die Containerboxen «Container Safety» mit Sicherheitsabschluss schützen Abfalleimer, Container, Gartenmöbel usw. vor Regen, Wind und Wetter sowie vor Abfall-Touristen. Sie werden aus hochwertigem Kunststoff hergestellt und sind einzeln oder in Gruppen aufstellbar. Ihre kompakte Grösse passt in bereits bestehende Container-Nischen. Sie eignen sich vorzüglich für alle üblichen Metall- und Kunststoff-Container.

Abris à containers
Les boxes pour containers «Container Safety» avec fermeture de sécurité protègent les poubelles, containers, meubles de jardin, etc. contre la pluie, le vent et le dépôt de «déchets touristiques clandestins». Ils sont exécutés en matière synthétique de haute qualité et peuvent s'installer séparément ou par groupes. Leur taille compacte peut s'adapter à des niches déjà existantes. Ils conviennent par exemple parfaitement pour abriter tous les containers courants à métaux et matières plastiques.
Leserdienst/service pour nos lecteurs 163

Arbeiten am Seil – neue Dimension im Hoch- und Tiefbau
Die Bergsteigetechnik der professionellen Industriekletterei bietet eine neue, interessante Alternative zu Hebebühne, Dachkran und Gerüst. Der Einsatz der Abseiltechnik eignet sich für den regelmässigen Unterhalt, Kontroll- und Reinigungsarbeiten, Renovationen, Montagen und Installationen an vertikalen oder stark geneigten Bauten, hohen Gebäuden, Brücken, Kunstbauten, Denkmalen, Kaminen, Staudämmen, in steilem oder felsigem Gelände und generell in schwer zugänglichen Situationen. Das leichte, professionelle Arbeitsmaterial gibt dem Industriekletterer Flexibilität, Schnelligkeit und Effizienz.

Travailler encordé – une dimension nouvelle dans le bâtiment et le génie civil
La technique de l'alpinisme appliquée à la grimpe industrielle professionnelle présente une nouvelle alternative intéressante aux plates-formes élévatrices, grues de toiture et échafaudages. L'utilisation de cette technique de travail convient pour réaliser régulièrement des travaux de maintenance, de contrôle et de nettoyage, resp. de procéder à des opérations de rénovation, de montage ou d'installation sur des ouvrages verticaux ou fortement inclinés, des tours, des ponts, des ouvrages d'art, des monuments, des cheminées et des barrages sur un terrain rocheux ou très pentu ainsi que des situations d'accès difficile. Professionnel et léger, le matériel confère au grimpeur industriel flexibilité rapidité, et efficacité.
Leserdienst/service pour nos lecteurs 164

GANZ-Aussen-Farbkamera – einfach und schnell installiert
Das elegante und witterungsgeschützte Zylindergehäuse aus Aluminium zeichnet sich durch kompakte Abmessungen und unauffällige Gestaltung aus. Die Kamera besitzt ein Vario-Objektiv 4,0 ... 9,0 mm, wasserabweisendes und beschlaghemmendes Frontglas, eine automatische Blende, verdeckte DIP-Schalter für Weissabgleich, Verstärkung und Gegenlichtkompensation und eine 1-Kabel-Lösung (Videoausgang/Spannungseingang). Sonnenschutz, Anschlusskabel und Halterung sind im Lieferumfang inbegriffen. Die Kamera besitzt zwei Montagesockel und die mitgelieferte Halterung für die sofortige Installation unter Decken, an Wänden oder anderen Positionen. Die flexible Halterung erlaubt nahezu jede beliebige Ausrichtung der Kamera.

Caméra couleur pour l'extérieur GANZ – installation simple et rapide
Elégant et bien protégé contre les intempéries, le boîtier cylindrique en aluminium se distingue par ses dimensions compactes et son allure originale. La caméra possède un objectif Vario 4,0 ... 9,0 mm, un verre frontal hydrofuge et antichoc, un diaphragme automatique, un interrupteur invisible DIP pour l'équilibrage des blancs, un renforcement et une compensation de contre-jour; elle est livrée avec un câble de déclenchement (sortie vidéo/entrée tension), une protection contre le soleil, un câble de raccordement et un support. La caméra dispose de deux socles de montage et d'un support compris dans la livraison pour installation immédiate sous un plafond, contre une paroi ou dans d'autres positions. Le support flexible permet d'orienter la caméra dans pratiquement toutes les directions.
Leserdienst/service pour nos lecteurs 165

GRAFFITEC-Permanentsystem – vorbeugender Oberflächenschutz
GRAFFITEC-Permanentsystem (ISO-9002-zertifiziert und RAL-zugelassen) gibt es als Transparent- und Farblack. Der Transparentlack ist in Matt, Seidenmatt und Hochglanz, der Farblack (RAL-, NCS- und Sikkensfarbkarte) in Seidenmatt und Hochglanz erhältlich. Der Schwerpunkt liegt im vorbeugenden Oberflächenschutz. Die angebotenen 2-K-PUR-Beschichtungen sind für den permanenten Graffitischutz entwickelt worden und können, auf geschlossene und – da wasserdampfoffen – mineralische Oberflächen aufgetragen werden. Im Gegensatz zu den bislang oft angewandten temporären Systemen, d.h., die Schutzbeschichtung muss in der Regel nach jedem Reinigungsvorgang neu aufgetragen werden, kann beim GRAFFITEC-Permanentsystem die aufgetragene Schutzbeschichtung über 100 Reinigungsaktionen standhalten. Der GRAFFITEC-Transparentlack ist besonders für Flächen geeignet, bei denen der Untergrund sichtbar und nicht verändert werden soll, wie z.B. mineralische Oberflächen, Sichtbeton, Sandstein usw. Derart geschützte Wände und Oberflächen können ohne grösseren Aufwand von Graffiti und sonstigen Verschmutzungen befreit werden. Dieser Effekt wirkt sich natürlich sehr positiv auch auf die laufenden Kosten aus, da der Aufwand für Technik und Zeit für die Reinigung beträchtlich geringer ist.
Leserdienst/service pour nos lecteurs 166

Top-Adressen im Internet

Hausgeräte
therma AEG
www.aeg.ch
www.therma.ch

Architektur-Reisen
www.architoura.com
ARCHITOURA – Reisen für Architektur Interessierte

Lichtkuppeln / Coupoles
ISBA AG
4222 Zwingen
Tageslichtsysteme
www.lichtkuppeln.ch
www.isba.ch

Möbelbau
ARTMODUL®
www.artmodul.ch

Dusch-WC
BALENA
www.balena.ch

Verlag
n'li
Verlag für Architektur, Typografie, Design und Kunst
www.niggli.ch

Stahlrohrmöbel
embru
www.embru.ch

Seminarräume
hunziker
schulungseinrichtungen
www.hunziker-thalwil.ch

Fensterfabrik
KUFAG
Kunststoff-Fenster
www.kufag.com

Einrichten / Möbel
Planen - Gestalten - Wohnen
räber design
WOHNCENTER
Bahnhofstr. 21 Tel. 041 917 22 72
6285 Hitzkirch Fax 041 917 34 56
www.wohncenter-raeber.ch info@wohncenter-raeber.ch

Fassadenplanung
METALLBAU PARTNER AG
ENGINEERING PLANNING COMPUTING
www.mbpag.ch

Möbelbausysteme
DIMO
von ZEHNDER
www.dimo.ch

Bodenbeläge
NYDEGGER
Teppichunterlagen
Schmutzschleusen
Bodenschutzmatten
www.nydegger-ag.ch

Bauglas / Fassadenverglasungen
PILKINGTON
www.activglass.com
www.pilkington.com

Objektmöbel
sedorama
www.sedorama.ch

Aus Freude am Bad

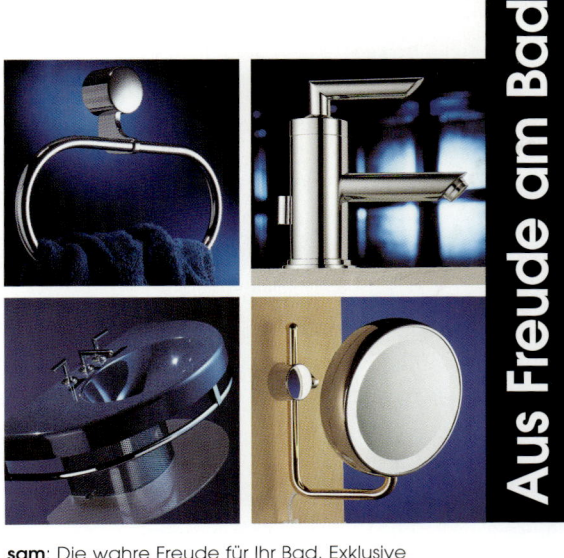

sam: Die wahre Freude für Ihr Bad. Exklusive Produkte für die individuelle Badkultur. sam Badausstattungen, sam**roc** Waschtischkonzepte, sam Armaturen Innovation und Qualität aus einer Hand.

sam
Schulte SA
Via Cantonale CP 117
CH- 6805 Mezzovico
Tel. 091/9 35 97 10
Fax. 091/9 35 97 11
E-Mail: info@sam-ch.ch

Leserdienst 107

büro form

Werdmühlestrasse 10
8001 Zürich
PP Parkhaus Urania
www.bueroform-zuerich.ch
info@bueroform-zuerich.ch

Leserdienst 130

Top-Adressen im Internet

Licht / Leuchten

tulux

www.tulux.ch

Dachflächenfenster

VELUX®
DACHFLÄCHENFENSTER

www.velux.ch

Treppen

COLUMBUS TREPPEN®

www.columbus.ch

Küchen

Küchen für Individualisten

Händlernachweis Schweiz
Wellmann (Schweiz) AG
Tel. 061 906 99 10, Fax 061 906 99 11

www.wellmann.ch

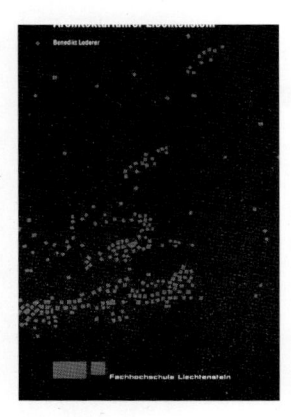

Bücher

Benedikt Loderer
Architekturführer Liechtenstein

Der vorliegende Architekturführer erscheint aus Anlass der Übersiedlung der Fachhochschule Liechtenstein in das neue Hochschulgebäude, die ehemalige Baumwollspinnerei der Firma Spoerry. Ziel des vom Fachbereich Architektur der Fachhochschule Liechtensteins herausgegebenen Führers ist es, die Baukultur in diesem Land bewusst zu machen und zu fördern. Ausgewählt wurden rund 70 Bauwerke der «Moderne», vor allem Bauten der neuen Industrie- und Dienstleistungsgesellschaft, darunter auch so dominierende wie das Kunstmuseum Liechtenstein. Oder in den Worten des Autors und Redaktors Benedikt Loderer: «Es werden nur "gute Bauten" vorgestellt. Das heisst: die Besten und die Typischsten. Architektonischer Wille, fachmännische Sorgfalt, räumliche Erfindung und Angemessenheit der Lösung fanden die Zustimmung des Landwanderers. Er sucht das Exemplarische und misstraut den Moden. Er will seinen Hang zum Strengen, Kargen, Intellektuellen nicht abstreiten, womit auch gesagt ist, dass er die architektonische Sentimentalität, aber auch ihr Gegenteil, das Knallbunte, verabscheut.» Der Architekturführer beginnt mit Texten zur Architektur in Liechtenstein, zur Siedlungsentwicklung und zur Denkmalpflege, gefolgt von Architektenbiografien, um danach in drei Kapiteln ausgewählte Bauten vorzustellen.

**Verlag Niggli AG
117 Seiten, 94 sw Abbildungen,
78 Grundrisse und Pläne, Deutsch
11,5 × 18 cm, Broschur mit Klappen
CHF 32.–, EUR 20.–
ISBN 3-7212-0453-0**

Bruno Krucker
Komplexe Gewöhnlichkeit

Bereits 1954 konnte das englische Architektenpaar Alison und Peter Smithson mit der Secundary School in Hunstanton ihr erstes Projekt realisieren, das zum Anfang der Bewegung des «New Brutalism» wurde. Mit ihren breit gelagerten Interessen gelang es den Smithson, neben Bauten und Projekten in zahlreichen Artikeln und Publikationen eine Position zu erarbeiten, die auf allen Ebenen der entwerferischen Arbeit von der Stadt bis zum einzelnen Gebäude relevante und eigene Beiträge zur Entwicklung einer Architektur unter dem Vorrang von inhaltlichen Kriterien enthielt. Mit ihrem Engagement trugen sie zur Auflösung des CIAM und zur Bildung des «Team X» bei, dessen führende Kraft sie über viele Jahre verkörperten. Von grossem Interesse sind städtebaulichen Projekte wie der «Economist» (1964) oder die «Robin Hood Gardens» (1966 – 1972) in London, bei denen es ihnen gelang, Ensembles von grosser Kraft und Beständigkeit zu schaffen. An kleineren Projekten und Bauten wie dem «Upper Lawn Pavillon» führten sie Untersuchungen über materielle und ästhetische Qualitäten ihrer Konzepte. Ihr Werk steht für die Suche nach einer intellektuellen und realistischen Haltung, deren Merkmale Komplexität, aber auch Direktheit, Angemessenheit und Lebenstauglichkeit sind.

**gta Verlag, ETH Zürich
80 Seiten, sw Abbildungen
27 × 23 cm, Hardcover bedruckt
CHF 48.–, EUR 32.–
ISBN 3-85676-103-9**

Iñaki Ábalos
The good life

The good life takes the reader on a tour of the houses that the 20th century has bequeathed us, the aim being to free his or her vision of various preconceptions and prejudices of a professional kind. This is a tour that, reclaiming the century's radical plurality, undermines the idea of modernity as the triumphant experience of positivism. The good life is an invitation to travel in the imagination, not only to celebrate the diversity of 20th century houses, but also to stimulate the pleasure of thinking, planning and living intensely, to encourage the invention of a house that doesn't yet exist. Añaki Ábalos studied architecture in Madrid (ETSAM, 1978), where he lives and works. Together with Juan Herreros, he is the author of books like *Le Corbusier. Rascacielos, Tower and Office from Modernist Theories to Contemporary Practices,* and *Natural-Artificial.* The team's built work has been widely publicized in the architectural press in three monographs: *Catálogos de arquitectura Contemporánea, Areas of Impunity,* and *Reciclando Madrid.*

**Editorial Gustavo Gili SA
200 pages, English
90 duotone Illustrations
21 × 17 cm, Paperback
EUR 28.–
ISBN 84-252-1830-6**

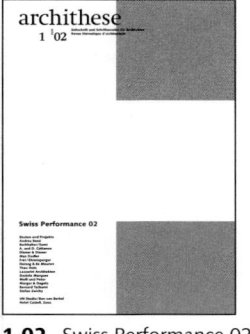

archithese – lieferbare Themenhefte
archithese – numéros encore disponibles

2.02 Architecture, Biologie, Techniques
1.02 Swiss Performance 02
6.01 Gestaltung als Obsession

5.01 Architektur für Tiere
4.01 Neue Formen des Minimalismus
3.01 Architektur für die Sinne
2.01 Retro-Architektur/Architecture rétro
1.01 Swiss Performance
6.00 Japan / Japon
5.00 Grosse Ausstellungen
Grandes expositions
4.00 Privatisierung des öffentlichen Raums
Privatisation de l'espace public
3.00 Hybride Strukturen
Structures hybrides
2.00 Textiles
1.00 Herzog & de Meuron & Rem Koolhaas
– Identität in der Zeit der Globalisierung
Identité en période de globalisation
(vergriffen)
6.99 Zu guter Letzt: Österreich
Pour clore en beauté: L'Autriche
5.99 Bunker und Festung
Bunker et fortification (vergriffen)
4.99 Stahl – Konstruktion und Ästhetik
L'acier – construction et esthétique
3.99 Hotelbau / La construction d'hôtels
2.99 Städtebau in Ostdeutschland
Urbanisme en Allemagne de l'Est
1.99 Wegführung – Orientierung
Indication du chemin – orientation
6.98 Kunstlicht / Lumière artificielle
5.98 Architektur und Kunst
Architecture et art
4.98 Sparsam bauen
Construire avec économie
3.98 Berlin – im Zeichen des
Rekonstruktivismus? / sous le signe du
reconstructivisme?
2.98 Neues Entwerfen mit alter Substanz
Projeter du neuf à partir de l'ancien
1.98 Standard – Typus – Konvention
Normes – types – conventions (vergriffen)
6.97 Stadt bauen / CONSTRUIRE la ville
5.97 Das Fenster / La Fenêtre
4.97 Gestaltete Landschaft
Paysages construits
3.97 Niederlande heute
Les Pays-Bas aujourd'hui
2.97 Stand der Dinge – Junge Schweizer
Architektur
Etat des Choses – A propos de l'architecture récente en Suisse
1.97 Ästhetik des Schattens
Pour une esthétique de l'ombre
6.96 In Glas / en verre
5.96 Masse – Körper – Gewicht

La masse – le corps – le poids
4.96 Wohn-Räume / Formes d'habitat
3.96 Präsentieren – Inszenieren
Ausstellungsarchitektur –
Architecture d'exposition
2.96 Raumsequenzen / Séquences spatiales
1.96 Präzision und Tansparenz
Précision et transparence
Uhrenfabrik Corum – Fabrique de montres
6.95 Venturi, Scott Brown & Ass.: Recent Work
5.95 Bauen mit Holz
Construire en bois (vergriffen)
4.95 Teamwork – Gemeinsam entwerfen
La projetation collective
3.95 Entsorgungsbauten / Constructions
pour le traitement des déchets
2.95 Hermann Herter, (1919–1942)
Stadtbaumeister von Zürich
1.95 Schrift am Bau / Calligraphie et façade
6.94 Farbige Räume / Espaces en couleur
5.94 «Das Werk» 1914–1942
4.94 Architekturfotografie
Photographie d'architecture
3.94 Autobahn und Stadt
L'autoroute et la ville
2.94 Steven Holl
1.94 Unbequeme Denkmäler
La sauvegarde du patrimoine moderne
6.93 Erlebnisarchitektur?
Pour une architecture-évasion?
5.93 ready-made. Entwerfen mit Industrieprodukten
La projetation avec des produits
industriels
4.93 Ausblick auf eine Architektur in der
Romandie
Vers une architecture de la Romandie
3.93 z.B. Dresden
2.93 Architekturschule
1.93 Gebr. Pfister
6.92 Grossprojekte: Leitbilder für Stadtbilder
Projets à grande echelle: Modèles pour une
ville-modèle
5.92 Architektur und Film
Architecture et cinéma
4.92 Renzo Piano und Genua '92
3.92 Nur Fassade / Façade
2.92 Wie entscheidet Berlin?
Quel choix pour Berlin?
1.92 In der Schweiz / En Suisse
6.91 Architekturpolitik
Politique d'architecture
5.91 Spanien / Espagne
4.91 Eileen Gray (vergriffen)

3.91 Wallis / Valais
2.91 Vorstösse, Architekt und Denkmalpflege
Dépassements
1.91 Neuere Projekte von Frank Owen Gehry
6.90 Verrückte Details / Détails demonts
5.90 Adäquate Form / La forme adéquate
4.90 Nachträge – Form und Bedeutung
Addenda – forme et signification
3.90 Zauberei? Computer Aided Architectural
Design (CAAD) / Magie?
2.90 Ein Bahnhof von Santiago Calatrava
1.90 Neue Ansichten – Dirty Realism
6.89 Kontra Heimatstil
Le régionalisme bien tempéré
5.89 Bausteine – Architekturlehren
Rudiments
4.89 Dauer und Vergänglichkeit
Le passage du temps
3.89 Wohnen / Habitation
2.89 Überladene Terrains
Surcharge du Terrain
1.89 Aus Versehen? Dekonstruktivismus
Par mégarde?
6.88 Stadtkritik / Critique urbaine
5.88 Die individuelle Lösung, Organische
Architektur
La solution individuelle
4.88 Vive la France
3.88 Architektur fürs Volk
Architecture pour les masses
2.88 Hotels
1.88 Moderne in der Postmoderne
6.87 Die Supermaschine, High Tech-Architektur
La supermachine
5.87 Generalunternehmer: Freund oder Feind?
Entrepreneur général: ami ou ennemi?
4.87 «Kopfgeburten»
«Naissances intellectuelles»
3.87 Ungarn. Seele und Form
La Hongrie. Ame et forme (vergriffen)
2.87 Ist «gute» Architektur gut?
Une «bonne architecture» convient-elle à
l'homme?
1.87 Einfach, aber nicht banal
Simple, mais non pas banal
6.86 …der in den Bergen baut

**Bestellungen von Einzelheften
zu CHF 28.– + Porto mit beiliegender
Bestellkarte
Ältere Jahrgänge auf Anfrage unter
Telefon 071 644 91 11**

Impressum

Herausgeber – Publié par
FSAI
Verband freierwerbender Schweizer Architekten
Robert Mächler

Verlag Niggli AG
J. Christoph Bürkle

**Redaktionskommission –
Commission de rédaction**
Robert Mächler, Gerhard Mack, Stefan Zwicky

Redaktion – Rédaction
J. Christoph Bürkle (Leitung), Hubertus Adam,
Judit Solt

Layout – Layout
Bernet & Schönenberger, Zürich

Übersetzung – Traduction
Anne und Christian Klauser

Korrektorat – Correction
Brigitte Frey

Redaktionsadresse – Adresse de rédaction
archithese, Zypressenstrasse 71, CH-8004 Zürich
Telefon 01 242 10 21, Telefax 01 242 10 22
E-Mail archithese@cyberlink.ch

**Herstellung und Druck –
Fabrication et impression**
Heer Druck AG, Grafisches Druckzentrum, Sulgen

**Anzeigenverkauf und Promotion –
Annonces et promotions**
Etzel-Verlag AG
Knonauerstrasse 56, CH-6330 Cham/ZG
Telefon 041 785 50 85, Telefax 041 785 50 88
E-Mail andreas.hess@etzel-verlag.ch
Anzeigenleitung: Andreas Hess

**Verwaltung, Abonnentenservice
und Einzelverkauf –
Administration, service pour les abonnés**
archithese Verlagsgesellschaft mbH
Steinackerstrasse 8, CH-8583 Sulgen
Telefon 071 644 91 11, Telefax 071 644 91 90

Abonnementpreise – Prix de l'abonnement
Jahresabonnement: Inland CHF 148.–
Ausland CHF 159.–/EUR 97.–
für Studenten: Inland CHF 115.–
Ausland CHF 124.–/EUR 76.–

Einzelverkaufspreis – Prix numéro
CHF 28.–, EUR 18.– (+ Versandspesen)
Einzelhefte sind über den Buchhandel
oder den Verlag erhältlich

archithese erscheint sechsmal jährlich
in umfangreichen Themennummern
jeweils in geraden Monaten

fsai
Offizielles Organ der FSAI,
Verband freierwerbender Schweizer Architekten
Fédération Suisse des Architectes Indépendants
Federazione svizzera degli architetti indipendenti
Zentralpräsident Urs Keiser

© Copyright 2002 by Niggli Ltd., Publishers,
CH-8583 Sulgen I Zürich

Nachdruck, auch mit Quellenangabe,
nur mit ausdrücklicher Bewilligung des Verlages
gestattet.

ISBN 3-7212-0420-4
ISSN 1010-4089

Vorschau

Thema der nächsten Nummer:
Neue Medien

Städtebau per Internet, selbständig wachsende Entwürfe, virtuelle Architekturen, Blobs, neuronale Netzwerke in interaktiven Gebäuden, massgeschneiderte Bauteile, Videoanalyse für die Landschaftsarchitektur – der Computer ist mehr als eine Zeichnungsmaschine oder eine technische Hilfe bei der Realisierung, das Video mehr als ein Aufzeichnungsinstrument. Neue Medien dienen immer mehr auch als Entwurfsgeneratoren. Doch bewirken sie auch eine tiefgreifende Veränderung des gebauten Raumes, der Raumwahrnehmung?

archithese 4.02 widmet sich der Beziehung zwischen Architektur und neuen Medien: Welche Entwurfsstrategien bestimmen den Einsatz der heutigen technologischen Mittel, und welchen Einfluss üben diese umgekehrt auf die Gedankenwelt der Entwerfenden aus? Inwiefern wird der technisch-wissenschaftliche Zugang zu Gestaltungsfragen dazu missbraucht, den Entwurfsprozess zu mystifizieren, und inwiefern kann er ihn klären?